Jeitos de Crer

Mudando o mundo

5º ano

Ensino Fundamental

Dora Incontri

Jornalista, mestre, doutora e pós-doutora em História e Filosofia da Educação pela USP. Autora e editora, professora da pós-graduação da Unisanta (Universidade Santa Cecília).

Alessandro Cesar Bigheto

Pedagogo, mestre em História da Educação pela Unicamp, membro do grupo de pesquisa Histedbr (Unicamp), autor e professor de filosofia.

editora ática

Gerente Editorial
Márcia Takeuchi

Editor
Luiz Tonolli

Coordenação da edição e edição de texto
Samir Thomaz

Preparação de texto
Cláudia Cantarin

Revisão
Hélia de Jesus Gonsaga (ger.)
Kátia Scaff Marques (coord.)
Célia da Silva Carvalho
Daniel de Febba Santos
Maurício Baptista Vieira

Pesquisa iconográfica e cartográfica
Sílvio Kligin (superv.)
Jaime Yamane (iconografia)
Márcio Santos de Souza (cartografia)

Edição de arte
Margarete Gomes Rivera (superv.)
André Vitale

Programação visual
André Vitale
Liliam Lungarezi

Editoração eletrônica
André Vitale
Art Feita Design Gráfico

Ilustrações
Paulo Brabo (Têmpera Editora)
Camila Godoy

EDITORA AFILIADA

1ª edição
3ª impressão

Cód. de obra CL 736131

ISBN 978-85-08-12177-9 (aluno)
ISBN 978-85-08-12178-6 (professor)

2013

Av. Otaviano Alves de Lima, 4400 – 5º andar e andar intermediário Ala A
Freguesia do Ó – CEP 02909-900
São Paulo – SP
Tel.: 0800 115152 – Fax: 0(XX)11 3990-1616
www.atica.com.br
editora@atica.com.br
Impressão e acabamento: Brasilform Editora e Ind. Gráfica

Apresentação

As histórias que vocês lerão neste livro se passam em algum lugar do Brasil, numa escola muito diferente, chamada Escola da Tia Sofia. As crianças que vocês vão encontrar aqui são crianças iguais a todas. Mas, como estudam na Escola da Tia Sofia, elas fazem o que outras crianças não têm oportunidade de fazer.

É que, na Escola da Tia Sofia, elas podem escolher o que estudar, o que pesquisar, o que discutir. Os professores não ensinam, só ajudam os alunos a aprender por eles mesmos. Não há salas de aula com lousa e carteiras. Contam que na Escola da Tia Sofia há salas cheias de objetos interessantes, como livros, computadores com internet, quadros, aparelho de DVD, material para fazer arte, e que, do lado de fora, há jardins floridos, com árvores frutíferas. Tudo é muito bonito, colorido, arrumado. E dizem também que fatos mágicos acontecem nessas salas especiais. Nós vamos ver se isso é mesmo verdade.

Nessa escola, há uma turma muito simpática, com crianças de idades diferentes, que se reúne para estudar temas interessantes. Quando começam a conversar e a pesquisar, muita coisa acontece. Os assuntos são variados, porém sempre têm a ver com religião. Não uma religião, mas várias. Esses alunos querem saber de tudo, fuçam tudo quanto é religião do mundo, tudo quanto é ideia, tudo quanto é cultura. São uns meninos danados de curiosos!

Eles se chamam Mirela, Bantinho, Uirá, Muhamed, Davi e Susi. Como bons brasileiros, descendem de povos diferentes, mas se dão muito bem, porque se respeitam e se gostam! E você também vai gostar deles.

Boa diversão e bom aprendizado!

Sumário

Conheça o seu livro

Ao longo de cada volume, você encontrará vinhetas que indicam atividades específicas do livro. Fique atento a elas e bom estudo!

Blá!! Blá!! **Vamos conversar!** Aqui você responde a perguntas específicas do capítulo com suas próprias palavras.

Resumo da conversa

Neste espaço você faz um resumo de suas conclusões sobre os temas discutidos no capítulo.

Cante com a gente!

Aqui você tem a letra de uma canção.

Viva a diferença!

1

A turma da Escola da Tia Sofia voltou com ânimo total depois de mais um período de férias. Quanto abraço e quanto beijo para todo lado! As crianças estavam contentes de se rever, com muita vontade de começar novas pesquisas sobre novos assuntos e, quem sabe, participar daquelas viagens fantásticas que costumavam fazer!

O pessoal ainda estava se cumprimentando, falando sobre as férias, quando a própria tia Sofia entrou na sala, sorridente.

– Oi, crianças! Sejam bem-vindas! A Dora e o Alessandro vão passar por aqui mais tarde para conversar com vocês. Eu estou aqui para apresentar uma pessoa que quer entrar na história e participar deste volume... Imaginem só, esse menino, o Ladislau, leu os livros anteriores e gostou muito deles e de vocês! O que acham?

Do lado da tia Sofia estava um menino muito bonito e simpático, mas havia alguma coisa de diferente nele. Ele estava acompanhado de um cachorrinho. As crianças o cercaram e o cumprimentaram alegres. Perguntaram se podiam fazer carinho no cãozinho, que abanava o rabinho sem parar.

– Oi, Ladislau! Seja bem-vindo! – disse Mirela.

Mas a menina não se aguentou e perguntou:

– Está tudo bem com você? Não está nos enxergando?

– Oi, meus amigos! Sim, está tudo bem comigo! Já conheço vocês pelos livros que a minha mãe leu pra mim. Eu não enxergo, nasci cego. Esta aqui é a Fifi, a cachorrinha que me guia.

A turma de início ficou parada, sem saber o que dizer. Porém, Carol rompeu o silêncio:

– Eu ajudo você a enxergar! Leio tudo o que você quiser!

– Mas podemos também procurar livros em braile – comentou Susi. – Vocês se lembram? É como os deficientes visuais leem, pelo tato!

– Muito obrigado! Eu sabia que seria bem recebido por vocês! Nem todas as turmas aceitam quem tem algum tipo de deficiência – respondeu Ladislau.

Nesse momento, tia Sofia se despediu e as crianças fizeram uma reunião para decidir o que é que iriam estudar naquele ano.

– Vejam só – começou Bantinho –, o Ladislau disse que muita gente não aceita que ele faça parte de uma turma só porque é cego. Pois eu digo que tem gente que não me aceita porque eu sou afro-brasileiro!

– E eu – disse Carolzinha –, porque ando de cadeira de rodas!

– Isso é um absurdo! – disse Davi. – Muito errado!

– Pois é, mas esse mundo tem tanta coisa errada... – comentou Uirá.

– Então, temos de fazer alguma coisa para mudar – sugeriu Mirela. – Achamos nosso assunto: como podemos mudar o mundo? As religiões nos ajudam a fazer isso? – a menina sorriu com ares de inteligente.

– Acho sua ideia muito boa! – apoiou Muhamed.

Foi quando entraram pela porta Dora e Alessandro, os autores da coleção. Susi, Uirá, Muhamed, Bantinho, Carol, Davi e

Mirela correram para abraçá-los. Em seguida se colocaram ao lado de Ladislau, para apresentá-lo aos queridos amigos. Foi então que Alessandro brincou:

– Nós já nos conhecemos! Fomos nós que pedimos ao Ladislau que viesse conhecer vocês!

Dora sentou-se perto das crianças e falou:

– Acho ótimo o assunto que vocês escolheram! Hoje em dia há pessoas que pensam que não podemos fazer nada para mudar o mundo! Mas é claro que podemos, senão que graça teria viver, trabalhar, sonhar? Eu aconselho vocês a procurar informações sobre três pensadores antigos – Montesquieu, Voltaire e Rousseau – e o significado da palavra "tolerância", para darmos o primeiro passo a respeito do assunto que vocês escolheram.

– E vocês terão uma surpresa! – piscou Alessandro.

Depois disso, os autores se retiraram e a turma foi para a internet e para os livros, em busca de coisas para aprender. E estas foram as informações que encontraram:

Montesquieu (1689-1755)

AUTORIA DESCONHECIDA. COLEÇÃO PARTICULAR/ARQUIVO DA EDITORA

Montesquieu.

Montesquieu, cujo verdadeiro nome era Charles-Louis de Secondat, foi um filósofo francês. Nasceu em uma família de nobres e ficou famoso por defender uma reforma política na Europa. Para ele, o rei, que naquela época mandava em tudo, deveria governar a partir de leis e não apenas de acordo com sua vontade, fazendo o que quisesse. A lei, por sua vez, deveria ser igual para todas as pessoas e garantir o respeito entre todos. Ele fez muitas viagens pela Europa para falar de suas ideias e escreveu duas obras importantes: *Cartas persas* e *O espírito das leis*. No primeiro livro, os personagens, vindos do Oriente para a França, mostram as diferenças de costumes entre os povos – mas elas não são tratadas como um problema, e sim como algo muito rico, muito interessante de conhecer. No segundo, o autor propõe leis capazes de garantir a justiça em um país. Foi Montesquieu que imaginou a divisão de poderes: o Legislativo, que faz as leis; o Executivo, que as executa; e o Judiciário, que julga o cumprimento delas.

Jean-Jacques Rousseau (1712-78)

ALLAN RAMSEY. NATIONAL GALLERIES OF SCOTLAND/ALBUM/AKG-IMAGES/LATINSTOCK

Jean-Jacques Rousseau.

Jean-Jacques Rousseau foi um pensador suíço que se tornou uma das figuras mais importantes de seu tempo. Seus escritos ajudaram a promover mudanças profundas na política, na filosofia e na educação. E suas ideias de igualdade, liberdade e justiça inspiraram muitas pessoas. Rousseau também acreditava que o povo tinha direito de escolher seu destino. Em *Emílio*, um de seus livros mais famosos, propõe uma mudança expressiva na educação e na religião: as crianças deveriam crescer em liberdade e com afeto, sem punições físicas, sem violência. Esse livro mudou a educação no mundo. Um dos personagens da história é o vigário Saboiano, que fala de uma religião natural, sem hierarquia, sem dogmas de fé, sem guerras nem divisões – uma religião pela qual os seres humanos podem encontrar Deus no coração.

Voltaire (1694-1778)

Pensador e escritor francês, cujo verdadeiro nome era François-Marie Arouet. Voltaire causou muita polêmica por criticar o que considerava errado na política e na religião. Defensor de ideias inovadoras, acreditava que as pessoas deveriam exercer o poder sem abusos, de forma racional, justa e tolerante. Em seus escritos, encontra-se uma das defesas mais bonitas da tolerância entre os seguidores de diferentes religiões. Em *O tratado sobre a tolerância*, Voltaire clama a todos que se amem como irmãos, em vez de se matarem por causa da religião. Para ele, era essencial que o ser humano tivesse a liberdade de pensar como quisesse.

NICOLAS DE LARGILLIÈRE. MUSÉE CARNAVALET, PARIS/ARQUIVO DA EDITORA

Voltaire.

Tolerância – *capacidade de viver com o diferente, de respeitar o pensamento e o modo de ser do outro.*

Assim que terminaram de ler sobre os três pensadores, as oito crianças se viram no meio de um jardim imenso, florido, com carruagens passando. As mulheres trajavam vestidos longos e os homens, de casaca, usavam peruca branca.

AUTORIA DESCONHECIDA. AKG-IMAGES/ LATINSTOCK

– Meu Deus! – disse Bantinho. – Estamos no século XVIII, o século de Montesquieu, de Voltaire e de Rousseau. Acho que estamos em Paris, na França!

O menino acabou de dizer isso e viu, diante de si e dos amigos, os três filósofos, que estavam sorrindo. Rousseau era o mais jovem dos três.

– Ai, que bom! Vocês sabiam que eu fiz um curso intensivo de francês nas férias? – comentou Davi, antes de cumprimentar os três homens.

– *Bonjour, Messieurs!*

– *Bonjour!* – responderam eles.

Depois do "bom-dia" em francês, as crianças se puseram a caminhar pelo jardim e a conversar com Montesquieu, Rousseau e Voltaire. Davi ia traduzindo o que era dito.

– Então vocês vêm do nosso futuro? – indagou Rousseau, após as crianças terem contado de onde vinham. – E vocês já aprenderam a viver com tolerância no mundo?

– Já aprendemos um pouquinho. Mas acho que não muito... – respondeu Carol, pensativa.

– Vejo que há uma coisa em que vocês já estão mais avançados – falou Voltaire. – Em nosso tempo, pessoas como vocês, Carol e Ladislau, não andavam conosco na rua. As crianças especiais ficavam trancadas em casa ou eram abandonadas nos hospitais.

– Que horrível! – respondeu Ladislau fazendo uma careta.

– Há liberdade de crença na época em que vocês vivem? – perguntou Montesquieu.

– Temos total liberdade em nosso país. Em muitos países há essa lei, que permite a cada cidadão escolher a religião que deseja seguir. Mas há alguns poucos governos religiosos em que não existe essa liberdade – respondeu Mirela, orgulhosa de poder falar algo positivo sobre o nosso tempo.

– Para mim, o mais importante de tudo é vivermos uns com os outros com plena liberdade de opinião e respeito! – falou Voltaire.

– Eu concordo – disse Rousseau –, e olhe que nem sempre estou de acordo com o que Voltaire pensa. Mas nesse ponto, pensamos a mesma coisa. Vocês, que são crianças, estão sendo educadas para respeitar e amar o próximo?

– Ah! Estamos sim – respondeu Uirá.

– Faço votos, então, de que vocês possam realizar muitas mudanças no mundo em que vivem! – disse Montesquieu, despedindo-se.

De repente, a turma já se viu transportada de volta à Escola da Tia Sofia.

O poeta fala

Muhamed não se conteve e fez um poema sobre o assunto:

Somos todos diferentes,
E o que tem isso demais?
Diferença em vários pontos,
Mas também somos iguais.

Diferentes em talentos,
Diferentes no pensar,
Mas sempre iguais como humanos,
Querendo o bem alcançar!

Viver bem com diferenças
Enriquece a nossa vida,
Fazendo que outra pessoa
Seja-nos sempre bem-vinda!

Olhar qualquer ser humano
Como se fosse um irmão,
E em qualquer coisa que houver
Abrir todo o coração!

Satisfeitos com o início de um novo ano e com a descoberta de um novo assunto para pesquisar, os alunos da Escola da Tia Sofia decidiram fazer uma prece:

Oração da manhã

Senhor, no silêncio deste dia que amanhece, venho pedir-te a paz, a sabedoria, a força.

Quero olhar hoje o mundo com olhos cheios de amor, ser paciente, compreensivo, manso e prudente; ver além das aparências Teus filhos como Tu mesmo os vês, e assim não ver senão o bem em cada um.

Cerra meus ouvidos a toda calúnia. Guarda minha língua de toda maldade. Que só de bênçãos se encha meu espírito.

Que eu seja tão bondoso e alegre que todos os que se aproximarem de mim sintam Tua presença.

Reveste-me de Tua beleza, Senhor, e que no decurso deste dia, eu Te revele a todos.

(Autor anônimo.)

Cante com a gente!

Novas ideias

Espaço para existir, espaço para viver,
Espaço para fluir, espaço para aprender.
É preciso ensinar, é preciso deixar crescer.
Deixa crescer, há novo em tudo, há novas ideias,
Novas ideias, novas ideias.
Renove as ideias, renove as ideias,
Ideias luar caindo nas mentes,

Romper os passos da gente sem peia,
Ideias que erguem a cabeça do mundo.
Vê o presente movendo o futuro,
Um falso conceito vamos destruindo.
Caem muralhas do arcaico egoísmo,
Sentir a razão despertar o bem natural,
Ver toda vida luzir, luzir!
Ideias luzes, luzes, luzes!
Livres, não há dono, não há domínio.
O direito é de todos, o saber é de todos.
Ver toda vida luzir, luzir...

Novas ideias (Brasil)
Mawaso la sasa (Namíbia, África)
Nouvelles idées (França)
Atarashii cagâe (Japão)
New ideas (Estados Unidos)
Nóvoi edeii (Rússia)
Naya ashaa (Índia)
Neue Ideen (Alemanha)
Nuevas ideas (Espanha)
Nuove idee (Itália)
Novaj Idêoj (Esperanto)
Ideias novas

Na criança e no velho,
Dois caminhos, dois futuros.
Numa escola de uma vila,
Na tribuna do futuro.

(Letra e música de Moacyr Camargo.)

Vamos conversar!

Discuta em grupo as seguintes questões:

- Você respeita as diferenças que surgem na sala de aula?
- Você já presenciou alguma situação de desrespeito ao próximo? Gostaria de falar sobre ela?
- O que poderia ser feito para acabar com problemas como esse no dia a dia?

Resumo da conversa

- Escreva aqui o que você e seus amigos discutiram sobre o assunto.

Aumente o que você sabe!

Os três filósofos que a turma de Mirela encontrou são representantes do Iluminismo. Faça uma pesquisa sobre esse tema. Você vai encontrar muitas informações a esse respeito no livro *Iluminismo – a revolução das luzes*, de Maria das Graças S. Nascimento e Milton Meira do Nascimento, da editora Ática.

Você pode...

- ... participar de uma brincadeira diferente que se chama "o jogo do espelho". Nessa brincadeira, você tem que respeitar o outro e imitar tudo o que ele faz, como se fosse um espelho! Que tal, vamos começar?

Construir a paz

2

No dia seguinte, agora acompanhada também por Ladislau e os latidos alegres de Fifi, a turma estava acesa, à procura de um novo assunto para pesquisar. Foi Susi quem trouxe uma notícia que tinha recortado de um jornal:

U.S. NAVY, MASS COMMUNICATIONS SPECIALIST 2ND CLASS JAMES R. EVANS/AP PHOTO

Militares transportam mísseis no porta-aviões norte-americano Abraham Lincoln.

O investimento militar do mundo

Quase todos os países do mundo têm grandes gastos com despesas militares, investem fortunas em tecnologia de guerra e em pesquisas para o aprimoramento de armas. O Instituto Internacional para as Pesquisas sobre a Paz de Estocolmo, localizado na Suécia, realiza estudos anuais sobre os gastos militares no mundo. Os dados mostrados pela pesquisa são aterradores: a cada ano, os países gastam mais com programas militares. O número chega a mais de 1 trilhão de dólares. Os Estados Unidos da América são os campeões de investimentos militares em tecnologia de guerra; no ano de 2006, eles gastaram mais de 500 bilhões de dólares. Esse número representa quase 46% do que se gasta em todo o mundo. O relatório aponta que tais gastos aumentaram muito

com as políticas antiterroristas das nações superpoderosas. Além dos Estados Unidos, nações europeias, como Inglaterra, França, Alemanha e Rússia, têm aumentado seus gastos. Países asiáticos, como China e Japão, também entram nessa lista. Outro dado assustador é que esses países têm trabalhado para renovar seus arsenais nucleares de guerra. O estudo aponta ainda que a venda de armas tem aumentado com o passar dos anos – a indústria de armas no mundo fatura quase 300 bilhões de dólares. O instituto sueco diz que não há indícios de redução desses gastos e prevê conflitos na América do Sul por causa da água e do petróleo.

(Informações extraídas do *Jornal da Ciência*, órgão da Sociedade Brasileira para o Progresso da Ciência: http://www.jornaldaciencia.org.br/Detalhe.jsp?id=47772).

– Para que precisamos de tantas armas? Para matar as pessoas? – disse Ladislau muito triste.

– Como gastam tanto dinheiro em armas, os países fazem questão de arranjar guerras – concluiu Mirela. – A verdade é que o interesse de ganhar dinheiro com a venda das armas aumenta a vontade de fazer guerras.

– Então é isso! – continuou Muhamed. – Pouco importa se crianças, homens e mulheres vão morrer, contanto que as indústrias fabricantes de armas ganhem dinheiro! Que mundo, esse!

As crianças estavam conversando sobre esse assunto – e muito bravas em constatar o uso da violência em nome do dinheiro –, quando ouviram uma batida na porta. Quem entrou na sala foi um velho, de barba longa e branca, vestindo uma bata simples, presa por um cinto, e calça comprida. Ele os cumprimentou com um sorriso muito doce. Dora e Alessandro entraram logo em seguida.

– Quem é o senhor? – perguntou Carolzinha, curiosa.

Ele respondeu, mas numa língua muito difícil. Sorte que Dora conseguia traduzir tudo o que ele falava.

– Sou Liev Nikolaievitch Tolstoi, escritor russo. Soube que vocês estavam discutindo sobre a paz e sobre o que se deve fazer para mudar o mundo, por isso resolvi aparecer para conversar com vocês.

– O senhor pode nos dar alguma ideia do que fazer para construirmos a paz? – perguntou Davi, com muito respeito.

– Devo dizer que aprendi tudo o que sei com o Mestre dos mestres, Jesus. Foi estudando seu Evangelho que me tornei pacifista.

– O que é ser pacifista? – perguntou Uirá.

Alessandro foi quem respondeu:

– Ser pacifista é ser totalmente contra a guerra, é achar que as coisas podem ser resolvidas pela paz.

Então todos quiseram saber:

– Mas como se faz isso?

– Eu descobri – respondeu Tolstoi – que o verdadeiro cristão não pode estar de acordo com nenhum tipo de violência. Jesus ensinou que devemos amar o próximo como a nós mesmos, a perdoar os inimigos, a praticar o bem até com aqueles que nos perseguem, e isso significa nunca cometer violência alguma contra ninguém, mesmo contra aqueles que nos fazem mal! Portanto, nunca deveríamos fazer guerras, fabricar armas, atacar outro país, muito menos tirar a vida de alguém!

– Nós podemos não fazer essas coisas, mas como evitar que os outros façam? – perguntou Bantinho.

– Eu achei uma forma – falou Tolstoi – e, se todos a seguissem, não haveria mais violência no mundo: é a não colaboração com o mal. Não obedecer aos governos quando convocam para a guerra, mesmo que sejamos punidos; não aceitar a prática de nenhum ato de violência, mesmo se formos perseguidos e até mortos. Antes morrer do que matar!

– Mas isso dá certo? Alguém já tentou pôr essa ideia em prática? – quis saber Mirela.

– Vocês já ouviram falar de pelo menos uma pessoa que fez isso: o líder hindu Mohandas Gandhi – disse-lhes Dora.

– Ah! Gandhi! – sorriu Tolstoi, como se de repente lhe ocorresse uma lembrança gostosa. – Ele se correspondeu comigo durante alguns anos. Posso dizer que ele melhorou meu método de não violência e conseguiu libertar a Índia sem derramar sangue! É verdade que ele foi preso várias vezes. Aliás, é preciso

que vocês saibam que esse método da não violência pode trazer perseguições e condenações legais para quem o pratica, já que, muitas vezes, trata-se de desobedecer a uma lei injusta. Era o que Gandhi fazia. Desobedecia às leis inglesas, era preso, castigado, mas nunca revidava. Até que conseguiu acabar com o império da Inglaterra na Índia.

As crianças estavam muito admiradas e encantadas com a suavidade daquele homem velho e sereno, que por fim disse:

– Eu já vou indo, meus queridinhos! Vocês lembram meus netos na velha Rússia. E lembram também meus alunos na escola de Iasnaia Poliana. Era uma escola livre, como a de vocês!

– E como se diz “avozinho”, em russo? – perguntou Susi, enquanto abraçava Tolstoi.

– *Diedushka!*

– Então, adeus, *diedushka*! – falaram todos.

Depois que Tolstoi, Dora e Alessandro saíram, mais do que depressa as crianças foram fazer uma pesquisa para saber mais sobre Tolstoi.

Belas vidas: Tolstoi, o pacifista

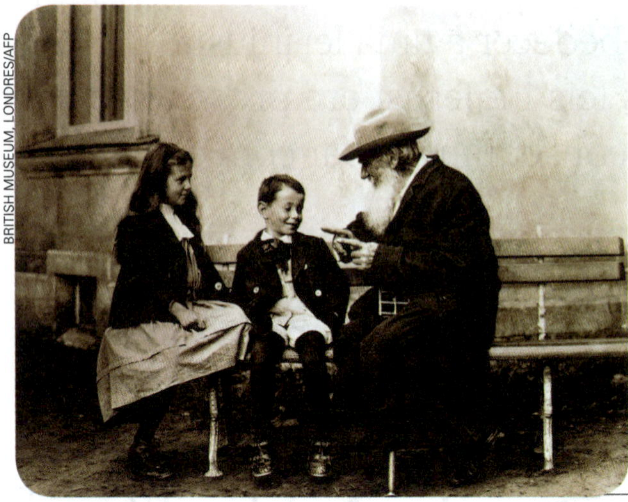

BRITISH MUSEUM, LONDRES/AFP

Em sua propriedade, Tolstoi fundou uma escola para camponeses.

Liev Nikolaievitch Tolstoi nasceu em Iasnaia Poliana em 1828. Um dos maiores escritores de todos os tempos, influenciou a literatura e a política no mundo. Era um homem rico, famoso, membro da alta nobreza da Rússia na época de reis muito poderosos – os czares. Escreveu diversas obras brilhantes que marcaram a literatura russa, entre elas *Ana Karenina* e *Guerra e paz*. Depois de participar da Guerra da Crimeia, Tolstoi se desiludiu, abandonou o exército e se tornou um pacifista. Propôs então a prática da não violência, inspirado no Evangelho de Jesus e no estudo de várias religiões. Entristecido com as condições de vida dos camponeses de sua região, decidiu deixar a posição de nobre, assim como sua vida de conforto e prestígio, para ajudar os necessitados. A família o impediu de dividir a sua propriedade com os pobres, mas ele encontrou outros meios de auxiliá-los. Fundou uma escola em sua fazenda Iasnaia Poliana, destinada aos filhos dos camponeses que não tinham oportunidade de estudar. Nessa escola, os alunos eram livres para estudar o que quisessem e não havia nenhum tipo de castigo. As ideias de Tolstoi inspiraram a luta de Gandhi. Os dois trocaram correspondências até 1910, ano da morte do escritor russo, aos 82 anos.

Depois desse encontro maravilhoso, as crianças permaneceram pensativas.

– Tolstoi morreu em 1910, Gandhi, em 1948... Haverá alguém hoje em dia fazendo alguma coisa para mudar o mundo? – indagou Muhamed.

– Tem sim, gente! Tem sim! Vejam o que eu achei – gritou Uirá, olhando no computador:

O Fórum Social Mundial, realizado no Brasil desde 2001, é um dos encontros mais importantes para a política econômica e social do mundo. Milhares de pessoas participam do encontro todos os anos. O Fórum tem por projeto a valorização da vida, a construção de uma cultura da paz, a criação de valores solidários de convivência, a busca de tolerância entre as pessoas de diferentes etnias e gêneros. A meta do evento é refletir e propor um sistema alternativo que substitua o capitalista, mostrar a possibilidade de construção de uma nova sociedade, mais humana, mais justa, mais igualitária, mais livre... Criar uma nova sociedade e uma nova cultura política.

Em 2008, foi convocado um fórum em todos os países do mundo ao mesmo tempo. Assim afirmava a convocação:

> Somos milhões de mulheres e homens, organizações, redes, movimentos e sindicatos de todas as partes do planeta, aldeias e regiões, zonas rurais e centros urbanos, de todas as idades, povos, culturas e crenças unidos e unidas pela firme convicção de que:
>
> **Outro mundo é possível!**
>
> Com toda nossa pluralidade, diversidade e riqueza de alternativas e propostas, lutamos contra o neoliberalismo, a guerra, o colonialismo, o racismo e o patriarcado que geram violência, exploração, exclusão, pobreza, fome, desastre ambiental e negação dos direitos humanos.

(www.forumsocialmundial.org.br/)

O poeta fala

Muhamed deixou seu recado poético:

Construir um novo mundo?
É possível, sim senhor!
Basta que cada um queira
Ter um pouco mais de amor!

Não o amor pelo poder,
Nem o amor pelo dinheiro!
Mas amor ao ser humano
Amor ao bem, por inteiro!

Deixar de lado o egoísmo,
Pensando na humanidade,
Querendo que todos tenham
a paz e a felicidade!

Faça de conta...

- ... que você é o ilustrador deste livro e foi contratado para ilustrar o poema de Muhamed. Como você faria o seu trabalho? Releia o poema e identifique aquilo que mais toca seu coração e sua imaginação. Em seguida... mãos à obra!

Cante com a gente!

Paz pela paz

A paz do mundo
Começa em mim
Se eu tenho amor,
Com certeza sou feliz
Se eu faço o bem ao meu irmão,
Tenho a grandeza dentro do meu coração
Chegou a hora da gente construir a paz
Ninguém suporta mais o desamor

Paz pela paz – pela criança
Paz pela paz – pela floresta
Paz pela paz – pela coragem de mudar.
Paz pela paz – pela justiça
Paz pela paz – a liberdade
Paz pela paz – pela beleza de te amar.

A paz do mundo
Começa em mim
Se eu tenho amor,
Com certeza sou feliz
Se eu faço o bem ao meu irmão,
Tenho a grandeza dentro do meu coração
Chegou a hora da gente construir a paz
Ninguém suporta mais o desamor

Paz pela paz – pro mundo novo
Paz pela paz – a esperança
Paz pela paz – pela coragem de mudar.
Paz pela paz – pela justiça
Paz pela paz – a liberdade
Paz pela paz – pela beleza de te amar.

(Letra e música: Nando Cordel, do CD *Dedicado à vida – Meditação*, 2000.)

Vamos conversar!

Pense e responda:

- Você acredita que "outro mundo é possível"?
- Como? Que pequenas ações cada um de nós poderia pôr em prática para fazer do nosso mundo um lugar melhor?

Resumo da conversa

- Escreva aqui as principais ideias dessa discussão.

Aumente o que você sabe! (I)

O autor dessa canção fala que "ninguém suporta mais o desamor".

- O que você pensa a esse respeito? Faça uma pesquisa sobre fatos que mostrem a falta de amor no mundo atual e traga as informações encontradas para a sala de aula. Em seguida, dê a sua opinião sobre por que as coisas são assim.

Aumente o que você sabe! (II)

- A turma de Mirela fez uma pesquisa para entender melhor o texto do Fórum Social Mundial que lemos há pouco. Sugerimos que você e seus amigos se reúnam em grupos e também pesquisem alguns dos assuntos abordados durante esses encontros realizados no Brasil. Eis alguns deles:

> a guerra – o colonialismo – o racismo – a exclusão –
> a pobreza – a fome – o desastre ambiental –
> a negação dos direitos humanos

- Escolha, com o seu grupo, um dos temas e saiba mais sobre o que está ocorrendo no mundo de hoje.

Você pode...

- ... ler algum dos três livros sugeridos abaixo e compartilhar a sua leitura com o resto da turma:

1. *O livro da paz*, de Todd Parr, Panda Books.
2. *Um mundinho de paz*, de Ingrid Biesemeyer Bellinghausen, editora DCL (Difusão Cultural do Livro).
3. *A paz*, de Gilberto Gil e João Donato, editora Evoluir Cultural.

Viajando pelas línguas!

- Que tal descobrir como se escreve a palavra "paz" em outras línguas? Escolha uma língua que chame a sua atenção e faça uma pesquisa! Depois, reúna a sua descoberta à de seus amigos num minidicionário.

Os povos precisam se unir

3

A manhã estava ensolarada e bela, e a turma de Mirela resolveu fazer uma aula no jardim da Escola da Tia Sofia. Por ali havia muitas flores, muito verde e muitas crianças envolvidas em diversas atividades. E foi nesse cenário que a turminha começou a conversar com outro grupo que também estava no jardim.

– O que vocês estão estudando? – perguntou Bantinho.

– Nós estamos fazendo uma pesquisa sobre astronomia – respondeu Bibi, uma menina loura e sorridente. – E vocês?

– Estamos pesquisando vários temas relacionados às religiões. O assunto agora é este: como podemos mudar o mundo? – respondeu Mirela, metida como sempre.

NIEHUES/ACTION PRESS/KEYSTONE

Esquina de um bairro turco em Berlim.

– Que interessante! – exclamou Rui, um menino alto e com cara de intelectual. – E quais os problemas de que vocês já trataram?

– Já estudamos sobre a paz e a tolerância entre os povos – respondeu Susi, orgulhosa.

– Então, eu tenho uma história para contar para vocês – disse Luigino, um menino com o rosto cheio de espinhas, um pouco mais velho que o resto da turma.

Todos ficaram curiosos, e Luigino então começou:

– Eu morei na Europa e lá existe muita discriminação racial! Falo de bairros de árabes na França, de turcos na Alemanha, por exemplo... Muitos europeus não gostam de se misturar com povos vindos de outros lugares do mundo!

TONY FRENCH/ALAMY/OTHER IMAGES

Rua de um bairro árabe em Paris.

– Mas em São Paulo, nós também temos a Liberdade, que é um bairro japonês, e o Bixiga, que é um bairro italiano! – comentou Davi.

– Não é a mesma coisa – explicou Luigino. – Aqui no Brasil, as

WERNER HUDHART/KINO.COM.BR

Campo de futebol em favela do bairro paulistano do Bom Retiro.

pessoas frequentam o bairro umas das outras. Na Europa, isso não acontece. Muita gente não vai aos bairros estrangeiros, há separação mesmo!

– Acho que a nossa divisão aqui no Brasil é diferente, mas também é muito negativa – disse Bibi, pensativa. – É a divisão que se faz com as pessoas que moram na favela. Também elas, muitas vezes, são separadas da sociedade!

– Não entendo por que isso acontece! Essa separação está muito errada! – disse Muhamed. – É assim que começam as guerras. O certo é unirmos os povos em amizade.

– Um bom tema para tratarmos hoje – falou Ladislau.

Todos se despediram com um beijo, e lá foram Mirela, Davi, Susi, Uirá, Bantinho, Muhamed, Carol e Ladislau, sempre acompanhado de Fifi, de volta para a sala, para continuar a pesquisa.

Chegando na sala, um homem já velho, muito simpático, os aguardava para conversar. Mirela, achando que fosse um personagem famoso, foi logo perguntando:

– Quem é o senhor? Na certa foi mandado pelos autores!

O homem piscou e, divertido, respondeu:

– Eu é que não vou dizer quem sou! Eu posso dizer o que fiz e vocês vão ter que descobrir o meu nome. Mas primeiro quero saber o nome de cada um de vocês!

As crianças se apresentaram e o homem então exclamou:

– Uirá! Você tem o nome de um livro meu! Eu convivi muito com os índios porque sempre gostei demais da cultura indígena.

– Ah! – disse Mirela. – Então já temos uma pista.

– Já lhe dou outras, menina bonita! Sou antropólogo, escritor e político, mas não sou dos corruptos, não! Fiz muitos projetos bons para esse Brasil!

– E o senhor sabe o assunto que estamos pesquisando hoje? – indagou Muhamed.

– Ah! Sei, sim! Por isso vim dar meu palpite. No Brasil, nós temos uma história triste de matança de índios e de escravidão dos negros. Mas, por outro lado, temos uma história bonita de mistura de raças que nenhum outro país no mundo tem! Nós estamos criando um povo novo, uma civilização nova, resultado da mistura de gente de tudo quanto é raça: falo do sangue do índio, do negro, do europeu, do oriental. Aqui dá de tudo e todo mundo convive bem.

– O senhor acha então que nós podemos ajudar o mundo a ser melhor? – perguntou Carolzinha.

– Primeiro temos de ajudar o Brasil a ser melhor, isto é, ter menos pobreza e menos violência, ter mais justiça e mais educação. Se conseguirmos isso, o Brasil poderá mostrar ao mundo uma civilização diferente, mais alegre, mais de bem com a vida!

Estavam todos ouvindo as palavras entusiasmadas daquele homem, quando Ladislau soltou um "ah" de espanto e alegria:

– Já sei quem é o senhor! Reconheci pela voz, porque já ouvi uma entrevista sua na televisão: o senhor é Darcy Ribeiro!

– Os que não enxergam veem mais longe! – disse Darcy Ribeiro. – Bom, agora que vocês já sabem quem eu sou, perdeu a graça! Vou-me embora para deixar vocês pesquisarem e produzirem! Só lhes digo uma coisa: ajudem o Brasil e o mundo a serem lugares melhores!

Assim que Darcy Ribeiro saiu, as crianças foram direto à internet e aos livros da biblioteca da classe para procurar algo sobre ele e sobre o que fez para o Brasil. Acharam dois textos:

Belas vidas: Darcy Ribeiro (1922-97)

Darcy Ribeiro, um mineiro nascido na cidade de Montes Claros, foi um dos mais brilhantes intelectuais brasileiros. A sua paixão era, além de estudar a cultura de seu país e sua diversidade étnica, pesquisar a cultura indígena. Publicou vários estudos sobre esses dois assuntos.

MARIO LEITE/EDITORA ABRIL

O senador Darcy Ribeiro, deitado na rede.

Um dos fundadores da Universidade de Brasília e da Universidade Federal do Norte Fluminense, contribuiu igualmente para a fundação de instituições de ensino público, em que a criança estudava, praticava atividades físicas e culturais e recebia assistência em tempo integral. A Lei de Diretrizes e Bases da Educação – a lei que rege a educação no Brasil – tem o nome de Darcy Ribeiro, pois ele trabalhou muito por ela. Além de fundar o Museu do Índio, no Rio de Janeiro, colaborou na criação do Memorial da América Latina, em São Paulo, e do Parque Indígena do Xingu, no Mato Grosso. Contribuiu ainda para o tombamento de várias praias no Rio de Janeiro (isso significa que ninguém pode destruir ou poluir esses lugares). O seu papel como estudioso e a sua atuação foram muito importantes para o Brasil.

O Brasil e a pluralidade étnico-cultural

JEAN-BAPTISTE DEBRET. BIBLIOTECA NACIONAL, RJ/ARQUIVO DA EDITORA

JOHANN MORITZ RUGENDAS. COLEÇÃO PARTICULAR/ARQUIVO DA EDITORA

JEAN-BAPTISTE DEBRET. COLEÇÃO PARTICULAR/ARQUIVO DA EDITORA

Muitos estudiosos brasileiros são unânimes em dizer que nossa cultura é rica em diversidade e pluralidade. Nossas raízes culturais são indígenas, europeias e africanas. A diversidade no Brasil é filha do processo histórico-social e do tamanho do país. Quando chegaram aqui, os portugueses encontraram os índios, que eram donos de uma cultura riquíssima. Com os colonizadores do Brasil vieram a cultura do europeu e a religião católica. Depois, foi a vez dos negros, e suas culturas ricas e variadas, serem trazidos de diferentes regiões da África para trabalhar como escravos na lavoura. Apesar da influência poderosa dos portugueses, a cultura dos colonizadores não conseguiu apagar a dos índios e africanos. Na verdade, ela se misturou a essas culturas. Mais tarde, após a abolição da escravidão, chegaram os imigrantes, oriundos de vários pontos da Europa – alemães, eslavos, italianos – e também da Ásia – os japoneses. Toda essa mistura gerou uma grande pluralidade cultural. A riqueza da nossa cultura está justamente nessa diversidade.

Palavras para aprender: antropologia, antropólogo, etnia

- Procure no dicionário o significado dessas palavras e escreva-os aqui.

Brincar para aprender

Depois de tudo o que a turma leu, Uirá apareceu com um livro, chamado *Catando piolhos, contando histórias*, que havia sido escrito por Daniel Munduruku, um indígena. E as crianças leram a seguinte parte:

Assim a gente aprendia. Não precisava ninguém chamar a nossa atenção ou implorar que a gente ficasse quieto para poder falar. Não. Todos nós tínhamos que fazer um respeitoso silêncio quando algum adulto, especialmente se fosse já um avô ou avó, falava. Eles falavam e a gente ouvia.

E o mais interessante é que eles sempre diziam a mesma coisa: é preciso estarmos atentos aos sinais da natureza. Ela nos revela quem somos e qual o melhor caminho a seguir.

– Mas como "ouvir" esses sinais, meu avô? – perguntávamos sem receio.

– Vocês têm que brincar, meus netos. Vocês têm que brincar – respondia o velho sorrindo.

E não adiantava perguntar o que poderiam significar aquelas suas palavras. Desde criança aprendíamos que as palavras significam muitas coisas ao mesmo tempo, e que é preciso ir atrás do significado delas para poder compreendê-las. E assim fazíamos.

Na aldeia acordamos sempre muito cedo. É costume. Faz parte do nosso jeito. Acordamos cedo para podermos aproveitar bem o dia e para que possamos realizar todas as importantes tarefas cotidianas: ir à roça coletar raízes, coletar frutas no mato, preparar farinha, caçar, pescar. É claro que a maioria dessas atividades quem faz são os adultos, enquanto as crianças observam para aprender corretamente. Os adultos dizem que isso faz parte de nosso aprendizado, mas que não devemos esquecer que somos crianças e que é preciso aproveitar esse momento de nossa vida. Eles costumam dizer que não somos adultos em miniatura, e sim crianças completas! Crianças têm de ser crianças, e não devem fazer esforços que são dos adultos!

Sabendo disso, aproveitávamos o máximo que podíamos, pois tínhamos o apoio de nossos pais e a proteção de toda a comunidade.

(Daniel Munduruku. *Catando piolhos, contando histórias*. São Paulo: Brinque-Book.)

Aumente o que você sabe!

- Para saber mais sobre os índios do Brasil, você pode fazer uma pesquisa na internet (o *site* do Instituto Socioambiental – www.socioambiental.org.br – é muito interessante) e também ler o livro *A questão do índio*, de Fernando Portela e Betty Mindlin, da editora Ática.

O poeta fala

A turma bem que estava estranhando que Dora e Alessandro não tivessem mandado nenhum recado, nenhum *e-mail*... Mas então chegou este poema, que encerrou a discussão do dia:

Canto do Brasil

Olhe, criança-gente,
o país em que nasceu:
este Brasil grande e claro,
este Brasil meu e seu!

Já louvaram os poetas
a natureza daqui,
o verde fresco das matas
e o canto do bem-te-vi!

É verdade que este verde
muita gente anda a arrancar!
Mas a terra é tão fecunda,
que basta a gente plantar!

Falaram os patriotas
do Brasil imensidão
e deste povo tão nosso,
de tão terno coração!

Eu que já vi muitos povos
e a todos eles respeito,
enxergo no brasileiro,
uma luz dentro do peito!

Mas é preciso fazer
essa luz brotar mais quente
e acabar com a miséria
em que vive nossa gente!

Não quero ver mais Brasil
com crianças pela rua!
Quero ver essa nação
feliz ao clarão da lua!

Mais importante de tudo:
é cumprir bem a missão
que Deus a nós destinou
de ser povo-coração!

Há brasileiros violentos
que só conhecem maldade,
mas o dever do Brasil
é mostrar fraternidade!

Não serve só fazer leis
para o país melhorar!
É bom a gente ser bom
sem ninguém nos ordenar!

Não quero ver brasileiros
com vontade de punir!
Chamemos o mau ao Bem
para a nação construir!

Criança, o Brasil espera
que você cumpra também
sua parte no país,
que deve crescer no Bem!

Conservemos a doçura,
que é tão dengosa e maneira,
cultivando sempre o amor
nessa terra brasileira!

Terra vasta a repartir,
que ninguém fique sem lar!
Terra farta, produzindo,
e a nação a alimentar!

Terra de nosso Senhor,
onde a alma finca pé!
Com a inteligência livre,
não deixemos de ter fé!

Cresça de novo este verde!
Fulgure mais forte o azul!
Que o ouro seja de todos!
Paz branca de norte a sul!

Façamos nosso destino,
negros, índios, europeus,
orientais num povo só,
reunidos aqui por Deus!

(Dora Incontri.)

Vamos conversar!

- Na sua opinião, o Brasil é um bom país? Por quê?
- O Brasil poderia ser um lugar melhor para o povo que nele vive? O que poderia ser mudado?

Resumo da conversa

- Escreva aqui as conclusões a que você e seus amigos chegaram.

Fazendo poesia!

- Releia o poema "Canto do Brasil" e faça o seu próprio canto! Escreva uma estrofe de quatro versos, começando assim: "Como criança vou fazer...". Você pode fazer sua quadrinha rimada ou não, de acordo com a sua inspiração. Depois, leia a sua criação para os amigos.

Faça de conta...

- ... que você é um(a) antropólogo(a)! Escolha um brinquedo de que você gosta, como bola, peteca, boneca, e pesquise como ele surgiu, onde foi inventado, que evoluções sofreu. Não se esqueça de ilustrar a sua pesquisa com desenhos e figuras e de fazer uma bela capa para o seu material.

Você pode...

- ... reunir-se em grupo e fazer parte de um "Projeto Brasil", com as seguintes etapas:

1. Pesquisa e enumeração de alguns problemas considerados graves no nosso país.

2. Pesquisa e enumeração de coisas boas que temos no Brasil.

3. Discussão em grupo do que pode ser feito para conservar o que é bom no país e mudar o que é ruim.

4. Elaboração de um projeto de ação para melhorar o Brasil.

Educar-se é muito bom!

4

Depois do fim de semana, as crianças voltaram para a escola animadíssimas, querendo aprofundar as conversas e as pesquisas sobre como mudar o mundo. Nesse dia, porém, chegou um *e-mail* do Alessandro e da Dora, dando uma dica para o rumo da história.

– Olha aqui, gente! Chegou um recado dos autores! – anunciou Muhamed.

– Leia para a gente, Muhamed – pediu Susi.

Queridos amigos, estamos indo muito bem neste livro, aprendendo coisas interessantes e encontrando pessoas fantásticas. Vocês não acham? Pois nós gostaríamos de dizer a vocês que uma das melhores formas de mudar o mundo é a educação! Educando a humanidade para a paz, teremos paz na humanidade. Educando todos para a fraternidade, teremos a fraternidade entre todos. Educando as crianças para respeitar a natureza, teremos adultos respeitando a natureza! Muitas pessoas pensaram assim e sugerimos que vocês façam uma pesquisa sobre isso. Com certeza, terão novas e maravilhosas surpresas!

Beijocas saudosas,

da Dora e do Alessandro

– Nós estamos fazendo exatamente isso aqui na Escola da Tia Sofia – comentou Mirela. – Estamos nos educando para mudar o mundo! Vamos procurar pessoas religiosas que também pensaram sobre a educação!

A turma inteira se pôs a pesquisar não só no computador e nos livros anteriores da coleção, como também em outros que havia na biblioteca da escola, e cada um achou algum dado interessante. Ladislau consultou os livros em braile.

Bantinho foi o primeiro a ler o que achou:

Martinho Lutero (1483-1546)

TRAX/ACTION PRESS/KEYSTONE

Um dos portais da igreja de Wittenberg, na Alemanha.

Martinho Lutero, nascido na Alemanha em 1483, era monge da Igreja Católica da ordem dos agostinianos. Dedicado aos estudos da Bíblia, passava muitas horas do seu dia lendo e orando. Lutero pretendia de início fazer uma reforma do catolicismo. Em 1517, fixou nas portas da igreja de Wittenberg 95 teses em que fazia críticas ao que acreditava estar errado na Igreja Católica. Como o papa não aceitou essas críticas, Lutero resolveu criar outra religião cristã, separada do catolicismo, que foi chamada de protestantismo ou Reforma. Ele verteu a Bíblia para a língua alemã, pois até então só se encontravam os textos bíblicos em latim. Seu desejo era que o livro sagrado dos cristãos fosse vertido para todas as línguas, assim cada povo poderia fazer a leitura direta dos ensinamentos de Jesus em sua própria língua. E para que a Bíblia estivesse ao alcance de todos, era importante que as crianças estudassem. Antes da Reforma, pouquíssimas pessoas, tanto na Alemanha como em outros países da Europa, sabiam ler e escrever. Lutero escreveu dois livros sobre educação – em um deles, pregava que os governantes fizessem escolas para o povo; no outro, convocava os pais a mandar seus filhos estudar.

Depois, foi a vez de Carol mostrar para os amigos a sua pesquisa:

ROGERIO VOLTAN/EDITORA ABRIL

Vista do Liceu Coração de Jesus, destacando-se a quadra de esportes no pátio. São Paulo, SP.

Dom Bosco (1815-88)

Giovanni Bosco foi um padre católico italiano, declarado santo pela Igreja. Em um sonho quando ainda era menino, viu as figuras de Jesus e de Maria se aproximarem dele para lhe dizer que sua vida deveria ser dedicada à educação. Mas ele não deveria bater nas crianças, e sim tratá-las com carinho e paciência. Esse sonho foi decisivo em sua vida. Já adulto, dom Bosco se tornou um grande educador. Primeiramente decidiu visitar os jovens que estavam nas prisões, porque tinham feito alguma coisa errada, e ajudá-los, pois achava que podia recuperá-los por meio do amor. E assim fez com muitos deles. Depois se dedicou a crianças e jovens, educando-os com atividades alegres, como teatro e jogos. Trabalhou para desenvolver a imprensa católica na Itália e fundou a Sociedade de São Francisco de Sales. Os religiosos que fazem parte dessa ordem são os salesianos, que atualmente contam com muitos colégios no mundo inteiro, inclusive no Brasil.

Davi encontrou estas informações sobre o educador por ele escolhido:

Eurípedes Barsanulfo (1880-1918)

LESTER SCALON/ACERVO DO FOTÓGRAFO

Vista aérea da cidade de Sacramento, em Minas Gerais.

Eurípedes Barsanulfo foi um grande educador espírita que viveu na cidade de Sacramento, em Minas Gerais. Era um homem culto e que gostava de fazer o bem a todos aqueles que o procuravam. Descobriu na educação a principal forma de ajudar as pessoas, por isso fundou naquela cidade mineira o primeiro colégio espírita do Brasil, o Colégio Allan Kardec, onde as crianças eram tratadas com amor e dignidade. Os alunos não pagavam para estudar, não tinham notas nem provas; ninguém era reprovado, não havia castigo. Eurípedes ensinava através do teatro, de aulas ao ar livre, discussões e pesquisas. Também dava aulas de astronomia com uma luneta. Era um lugar onde o estudo era algo interessante e diferente.

Ladislau também quis mostrar o que tinha pesquisado:

Gandhi (1869-1948)

ARQUIVO/AP PHOTO

Mahatma Gandhi, "A Grande Alma".

Gandhi foi um dos maiores líderes pacifistas de todos os tempos. Dono de um enorme coração, dedicou um amor imenso à humanidade, por isso foi chamado de Mahatma Gandhi, que significa "A Grande Alma". Sua principal luta foi em prol da libertação do povo indiano, que era dominado pela Inglaterra. Porém, ele defendia um modo diferente de luta: sem o uso de violência, sem agressões ao adversário – muito pelo contrário, mostrando amor pelo oponente. Dessa forma, Gandhi conquistou o respeito de todos, inclusive dos ingleses, e conseguiu libertar seu povo. Por considerar a educação muitíssimo importante, escreveu vários textos sobre o assunto e, nas comunidades que fundou, educava ele próprio as crianças, com amor, sem castigos, orientando-as para seguirem o caminho do bem.

Uirá comentou no fim de tudo:

– Quando nós estudamos a figura de Jesus, vimos que todos o chamavam de "mestre"! Mestre é um nome mais bonito para professor. Acho que nós podemos dizer que Jesus também foi um educador... Aliás, todos esses educadores sobre os quais acabamos de falar se inspiraram em Jesus. Mesmo Gandhi, que não era cristão, gostava muito do Cristo.

Assim que Uirá terminou de falar, as crianças ouviram alguém bater à porta três vezes. Mirela foi abrir.

Ali estava um homem alto e de barba grisalha. Suas roupas eram antigas e seu sorriso, calmo. Era uma pessoa que naturalmente inspirava grande respeito. A turma prendeu o ar, sem coragem de perguntar quem era. Ele começou a falar uma língua que, embora fosse parecida com o português, não dava para entender.

Davi saiu correndo atrás da tia Sofia, que traduziu as palavras daquele antigo mestre. Ninguém imaginava que a tia Sofia soubesse latim!

– Eu sou Jan Amos Comenius. Minha língua natal é o checo, mas como vocês falam uma língua derivada do latim e eu escrevi muitos livros em latim, é a melhor para nos entendermos!

Tia Sofia verteu as palavras dele para o português e ainda comentou, dando um abraço em Comenius:

– Gente! Este é um dos maiores mestres da história da educação!

– Mestre, só Jesus! – respondeu ele. – Tudo o que eu fiz e escrevi foi com o desejo de servir aos ensinamentos Dele, mas sem os impor a ninguém.

UNIVERSITY OF EAST ANGLIA, NORWICH/ ARQUIVO DA EDITORA

Ludwik Zamenhof (1859-1917), o criador do esperanto, a língua universal.

Toda a turma se aproximou querendo fazer a mesma pergunta:

– O que o senhor propôs para mudar o mundo? Será que alguma ideia sua ainda pode ser usada nos dias de hoje?

– Acredito que sim. Eu tinha um projeto de paz universal. Para esse projeto, era preciso que todas as pessoas do mundo, de todas as idades, homens e mulheres, portadores de deficiência ou não, gente de todos os povos, de todas as religiões, todos, enfim, recebessem uma boa educação. Ensinar tudo a todos era o meu lema. Esse projeto universal propunha que as religiões se entendessem, fossem amigas, que as nações não mais gastassem dinheiro em armas... Eu também tinha a ideia de uma língua fácil que servisse aos povos de todas as nações!

– O esperanto? – perguntou Carolzinha.

– Ludwik Zamenhof se inspirou em mim para criar o esperanto, dois séculos depois da minha existência.

Realmente eram muito belas as ideias de Comenius.

O homem acariciou de leve a cabeça de cada criança e falou, antes de sair:

– Deixo para vocês um caminho de três partes, para que pensem nele e, quem sabe, mais tarde o sigam em suas vidas:

1. Educar-se para o bem.
2. Comunicar-se para a paz.
3. Agir para a solidariedade.

Tia Sofia sorriu para todos e foi embora acompanhando o visitante.

– Agora, é só tentar seguir os conselhos de Comenius – disse Susi.

– São todos muito bonitos, mas não é nada fácil segui-los! – completou Ladislau.

A turma foi fazer imediatamente uma pesquisa sobre Comenius e achou a sua história e muitas imagens relacionadas a ele:

Jan Amos Comenius (1592-1670)

Comenius, um notável educador.

Comenius foi um homem extraordinário, que percorreu vários países para construir escolas onde todos pudessem estudar. Ele pregava que todas as pessoas, homens e mulheres, ricos e pobres, de todas as nações, deveriam receber educação para que pudessem se desenvolver plenamente. Em meio a guerras religiosas entre protestantes e católicos, Comenius desenvolveu um grandioso projeto para o mundo todo: tratava-se da criação de um órgão internacional pela paz, com um papel semelhante ao atualmente desempenhado pela ONU, a Organização das Nações Unidas. Ele também idealizou uma língua de fácil entendimento, a fim de que todos pudessem se comunicar. Escreveu o primeiro livro didático ilustrado do mundo, redigido em várias línguas ao mesmo tempo, de modo que os alunos aprendessem diferentes idiomas por meio de sua leitura. Era ainda uma obra interdisciplinar, ou seja, que abordava vários assuntos, como ciências, religião, filosofia, história etc. O nome do livro era em latim: *Orbis sensualium pictus*.

Aumente o que você sabe!

- Reúna-se em grupo para fazer uma pesquisa sobre a Organização das Nações Unidas. Escolham uma das propostas abaixo e recolham as informações correspondentes. Ilustrem seu trabalho com mapas, fotos, figuras, tudo para enriquecê-lo e torná-lo interessante. As propostas são estas:

1. A história da ONU: como e quando começou.
2. Levantamento das propostas da ONU para o mundo.
3. Países que integram a ONU e localização de sua sede atual.
4. Atuação recente da ONU em conflitos internacionais.

Uma boa fonte de pesquisa é o *site* da Organização das Nações Unidas em português: www.onu-brasil.org.br.

- Após a coleta dos dados e a apresentação dos trabalhos, discutam na classe a seguinte questão: será que a ONU faz o que Comenius imaginou em seu projeto de paz?

Faça de conta...

- Em um trabalho coletivo, elaborem uma situação que tenha como ensinamento o lema de Comenius: "Ensinar tudo a todos". Criem os personagens e o cenário e apresentem sua história para a classe.

Você pode...

- ... participar de uma campanha na escola com a proposta que Comenius fez à turma de Mirela:

1. Educar-se para o bem.
2. Comunicar-se para a paz.
3. Agir para a solidariedade.

Viajando pelas cores!

- Visite o mundo de Comenius através do *Orbis sensualium pictus*, no endereço www.uned.es/manesvirtual/Historia/Comenius/OPictus/OPictusAA.htm

Orações (e corações) em diálogo!

5

A turma da Escola da Tia Sofia havia ficado encantada com a visita de Comenius e por muitos dias conversaram sobre as ideias do grande educador. Um tema que rendeu novas pesquisas foi a convivência e o diálogo entre as religiões.

– Fiquei pensando numa coisa – comentou Bantinho. – Será que há situações em que as religiões ajudam e outras em que elas atrapalham a melhoria do mundo?

– Como assim? Não entendi! – espantou-se Uirá.

– Eu sei o que o Bantinho quis dizer: se as religiões falam de paz, ensinam o bem, pregam o amor, elas ajudam. Mas se fazem guerra entre elas, atrapalham... – esclareceu Ladislau.

– Foi isso mesmo que eu quis dizer! – alegrou-se Bantinho por se ver compreendido.

– Comenius queria que as religiões se respeitassem – disse Mirela. – Acho que esse é um assunto bem interessante. Se as religiões não conseguem a paz entre elas, como pode haver paz entre todos os homens?

As crianças estavam conversando a esse respeito quando Susi disse:

– Chegou uma mensagem dos autores. Eles naturalmente já sabem do que estamos falando e mandaram um palpite!

Olá, queridos amigos!

Vocês estão falando de ecumenismo e de diálogo inter-religioso – e este nosso livro de que vocês estão participando pretende justamente fazer esse diálogo. Mas vamos entender o significado de cada palavra: o ecumenismo, movimento proposto pela Igreja Católica, busca proporcionar uma aproximação entre as diferentes Igrejas cristãs. Há quem diga que sua principal função deveria ser a de estabelecer um diálogo entre todas as religiões, e não apenas entre as cristãs. Quando se trata de religiões cristãs e não cristãs, a expressão usada é "diálogo inter-religioso". É importante dizer que há no mundo muitas organizações que trabalham para construir uma convivência pacífica entre as religiões. Tanto no Brasil como em outros países são realizados vários cultos ecumênicos. E muitos deles contam com a participação de representantes e seguidores de diversas religiões – africanos, protestantes, espíritas, católicos, budistas, muçulmanos, judeus... –, e não apenas das cristãs.

Para haver respeito e diálogo de verdade, é preciso, da parte dos religiosos, uma atitude diferente da que muitos apresentam hoje. Propomos esse desafio a vocês: que atitude é essa?

Abraços carinhosos,

Dora e Alessandro

A turma ficou pensativa, tentando descobrir qual seria essa atitude.

– Já sei! – exclamou Carol. – Para sabermos que atitude é essa, temos de descobrir como agiram as pessoas que trabalharam pelo diálogo entre as religiões!

– Boa ideia – exclamou Davi. – Vamos pesquisar alguns grandes personagens que dedicaram suas vidas a isso... E quem sabe possamos visitá-los em outros tempos? Estou com vontade de viajar, como fizemos no ano passado!

Foram todos aos livros e computadores em busca de nomes e da história de pessoas que agiram pelo entendimento entre as religiões. E, a cada personagem que achavam, fechavam os olhos e visualizavam uma cena diferente.

De repente se viram num campo de batalha. Um exército se preparava para uma guerra com espadas, lanças e pesadas armaduras. As crianças se deram conta de que estavam na Idade

GIOTTO DI BONDONE, BASILICA DI SAN FRANCESCO D'ASSISI, ASSISI/ARQUIVO DA EDITORA

Basílica de São Francisco de Assis, pintura de Giotto.

Média, entre os cruzados, os cristãos que lutavam contra os muçulmanos. Era noite, as tochas estavam acesas e, caminhando sem serem vistos, Mirela, Muhamed, Susi, Carol, Uirá, Bantinho, Davi e Ladislau foram parar no campo dos muçulmanos. E qual não foi a surpresa de todos ao avistarem por lá uma pessoa que já conheciam: Francisco de Assis, com sua túnica velha e surrada. Ele falava com calma e serenidade com o sultão muçulmano, que o ouvia atenciosamente e parecia até emocionado. Não foi possível escutar o que Francisco dizia, mas a turma

entendeu que ele conseguira um diálogo amigo, enquanto os demais ali presentes queriam matar uns aos outros.

Imediatamente, foram transportados para o século XVIII, a mesma época que tinham visitado alguns dias antes, quando conheceram Voltaire, Montesquieu e Rousseau, três grandes filósofos franceses. Só que o país era outro: estavam na Alemanha – foi o que perceberam pela língua com que dois homens perto deles conversavam. Encontravam-se dentro de um escritório antigo, com móveis escuros, no meio de muitos livros.

ALBERT HENRY PAYNE. COLEÇÃO PARTICULAR/THE BRIDGEMAN ART LIBRARY/KEYSTONE

O poeta e escritor alemão Ephraim Lessing.

– Eu conheço esses dois – falou baixinho Muhamed. – Acabei de ver o retrato deles na internet. Aquele é o filósofo judeu Moses Mendelssohn, o avô do compositor Felix Mendelssohn, e o outro é Ephraim Lessing, escritor alemão. Os dois têm uma grande amizade, e isso não é normal nesses tempos, já que um é judeu e o outro, cristão. Li que Mendelssohn escreveu textos bonitos sobre a tolerância entre as religiões!

ANTON GRAFF. COLEÇÃO PARTICULAR/AKG-IMAGES/LATINSTOCK

O filósofo judeu Moses Mendelssohn.

Uma história de amizade

O poeta e escritor cristão Ephraim Lessing admirava tanto seu amigo judeu Moses Mendelssohn que escreveu um texto teatral cujo personagem principal era inspirado nele. A peça, escrita em 1779, se chamava *Nathan, o sábio*. A história se passa na época das Cruzadas, em Jerusalém, que é um lugar sagrado tanto para os judeus – seus fundadores – como para os muçulmanos e os cristãos. Durante tais guerras religiosas, várias disputas se deram por causa dessa cidade, que os cristãos desejavam reconquistar.

IMAGNO/GETTY IMAGES

Ator em cena da peça *Nathan, o sábio*, escrita por Ephraim Lessing.

A peça tem como ponto central a amizade entre Nathan, um rico judeu residente em Jerusalém, o sultão muçulmano Saladim e um guerreiro cristão chamado Leu von Filneck. Lessing pretendia mostrar a beleza da convivência entre pessoas de pensamentos e religiões diferentes.

Depois que o escritor alemão morreu, houve quem dissesse que ele não acreditava em Deus. No entanto, Mendelssohn saiu em sua defesa com textos em que mostrava que o amigo acreditava em Deus, mas não aceitava que houvesse discórdia e briga em Seu nome.

Os dois companheiros prosseguiam animados na conversa, quando o cenário mudou.

Agora as crianças se viram num tempo bem mais perto do nosso: mais ou menos na década de 1940, nos Estados Unidos. Estavam na Cidade dos Meninos, uma cidade-escola. Enquanto andavam pelas ruas ajardinadas, Mirela explicou:

– Esta aqui é a Boy's Town, gente! Eu vi dois filmes sobre esse lugar. Foi o padre Edward Flanagan que o fundou, para acolher meninos de todas as partes do país, principalmente aqueles que fizeram coisas que não deviam – há alguns aqui que até já mataram!

Ao dizer isso, Mirela abaixou a voz. Então, olhou em volta e continuou:

– Mas para o padre Flanagan esses meninos não precisam de prisão e de castigo, como todo mundo pensa. Ele acredita que amor, liberdade e educação podem mudar a vida de uma pessoa. Olhem só, todos estudando, trabalhando, cantando!

BETTMANN/CORBIS/LATINSTOCK

O padre Flanagan dedicou sua vida ao ensino de crianças e adolescentes.

De fato, a cidade era muito organizada e bem cuidada. Os próprios meninos a dirigiam, e eles pareciam muito contentes.

As crianças da Escola da Tia Sofia chegaram ao refeitório, onde dezenas de meninos iam almoçar. De longe viram o padre Flanagan conversando com alguns deles. Porém, o mais interessante estava por vir. Antes de começarem a refeição, houve uma oração. Não foi a mesma oração para todos. Cada um rezou como quis. Havia meninos católicos, fazendo o sinal da cruz e orando baixinho; havia judeus, orando do seu jeito; havia protestantes, concentrados, dando graças. E também havia os que não rezavam.

Momentos depois, a turma de Mirela se viu na mesma época, isto é, durante os anos 1940, mas num país diferente. Era a Índia, na Ásia, onde já tinham estado em outras viagens. E sabem quem as crianças viram? Nada menos do que Gandhi. Só que dessa vez não conversaram com ele. Apenas observaram sua figura muito magra, quase morrendo... Sua voz estava tão fraquinha!

Carol ficou impressionada:

– O que é que Gandhi tem?

– Eu sei! – respondeu Uirá. – Ele está jejuando há muitos dias, sem comer nada, para acabar com a guerra entre hindus e muçulmanos na Índia.

– E ele vai conseguir isso? – perguntou Carol, aflita.

– Sim! Veja só!

No mesmo instante, vários homens armados aproximaram-se da cama de Gandhi e jogaram as armas aos seus pés.

A turma ouviu alguém dizer:

– *It's over!*

– Acabou! – traduziu Uirá.

BETTMANN/CORBIS/LATINSTOCK

Gandhi na cidade de Guajarat, na Índia, em 1930.

Gandhi olhava amorosamente para todos e, para quebrar o jejum, pediu um suco de laranja e um pedaço de pão.

Quando a turma voltou para a sala de aula, estavam com a cabecinha a mil, tantas foram as coisas que viram e sobre as quais precisavam pensar e conversar. Foi muito bom terem aceitado o desafio proposto pela Dora e o Alessandro.

– Acho que eu já sei qual foi a atitude de todas essas pessoas que visitamos! – disse Ladislau. – Todas elas tinham amor pelos seres humanos.

– Eu também acho que é isso! – concordou Susi. – E essa atitude combina com o que Jesus ensinou: "Amar ao próximo como a si mesmo!". Ele não disse que o próximo tinha que ser da mesma religião, viver no mesmo país, torcer pelo mesmo time de futebol, ter a mesma cor... É o amor a qualquer próximo, qualquer um que estiver ao nosso lado!

– Falou bonito, Susinha! – sorriu Bantinho, fazendo charme para a menina.

"Ama a teu próximo como a ti mesmo!".

O poeta fala

Com um assunto tão interessante assim, Muhamed não poderia deixar passar a oportunidade e logo fez um poema:

Será que Deus não escuta
orações de todo jeito?
Se Ele não escutasse,
já não seria perfeito!

Será que tem preferência
por alguns dos filhos seus?
Se gostasse mais de alguns,
Não seria Pai nem Deus!

Será que liga se a prece
for de joelhos ou em pé?
Se Ele é justo, só importa
Se é prece feita com fé!

Será possível, meu Deus,
que a gente não aprende então
que o que mais vale a teus olhos
é o amor no coração?

Vamos conversar!

- O que você acha que uma pessoa procura quando resolve seguir uma religião?
- Será que isso pode ser encontrado em mais de uma religião ou só na que se escolheu seguir?
- Quais os temas que você proporia para promover a melhoria do mundo?

Cante com a gente!

Alimento

A beleza da vida é
Todo alimento que vem da água
Todo alimento que vem da terra
Todo alimento que vem do céu

Tudo, tudo, tudo se vê
Tudo, tudo, tudo se vê
Há beleza se você vê mais....

A beleza da vida é
Ter alimento pro nosso corpo
Ter alimento pra nossa mente
Ter alimento pra nossa alma

Tudo, tudo, tudo se vê
Tudo, tudo, tudo se vê
Há beleza se você vê mais

Letra e Música: Moacyr Camargo

Aumente o que você sabe!

- Reúna-se com seu grupo e escolha um dos personagens que a turma encontrou neste capítulo. Em seguida, descubra algumas informações (data e local de nascimento e morte), bem como os fatos marcantes na vida de cada um deles.

Francisco de Assis Moses Mendelssohn

padre Edward Flanagan Ephraim Lessing Gandhi

Faça de conta...

- ... que você está na Idade Média, em plena época das Cruzadas. Invente uma história de amizade entre três pessoas (homem ou mulher), uma cristã, uma judia e uma muçulmana. Para inventar sua narrativa, faça antes uma pesquisa sobre o contexto histórico em que essas lutas ocorreram e também sobre os envolvidos. Não se esqueça de dar um título para o seu texto.

6

A fome pode sumir?

ANITA POWELL/AP PHOTO

Criança subnutrida da Etiópia, na África.

No dia seguinte, Mirela chegou na sala muito revoltada. Chamou todo mundo da turma e mostrou a foto de uma revista, com uma criança morrendo de fome na África.

– Nós temos falado tanto de paz, de oração... Vocês acham que alguém pode ter paz e pode orar morrendo de fome desse jeito? – perguntou Mirela.

– Será que o problema da fome no mundo tem solução? – indagou Bantinho, com os olhos arregalados diante da foto.

– Esse pode ser o nosso próximo assunto! – emendou Davi.

Susi se adiantou e saiu à procura de informações no computador. Depois de achar o que procurava, começou a ler, como se fosse a apresentadora de um telejornal:

De 800 milhões a 1 bilhão de pessoas passam fome no mundo!

1 bilhão e meio de pessoas não têm água potável!

No mundo todo, um terço das crianças até cinco anos são subnutridas!

100 milhões de pessoas não têm casa para morar!

Todos ficaram muito espantados com esses números.

– É mesmo de deixar a gente sem dormir! – comentou Ladislau.

Susi ainda não tinha terminado.

– Olhem só! – disse ela. – Aqui está o mapa da fome no mundo:

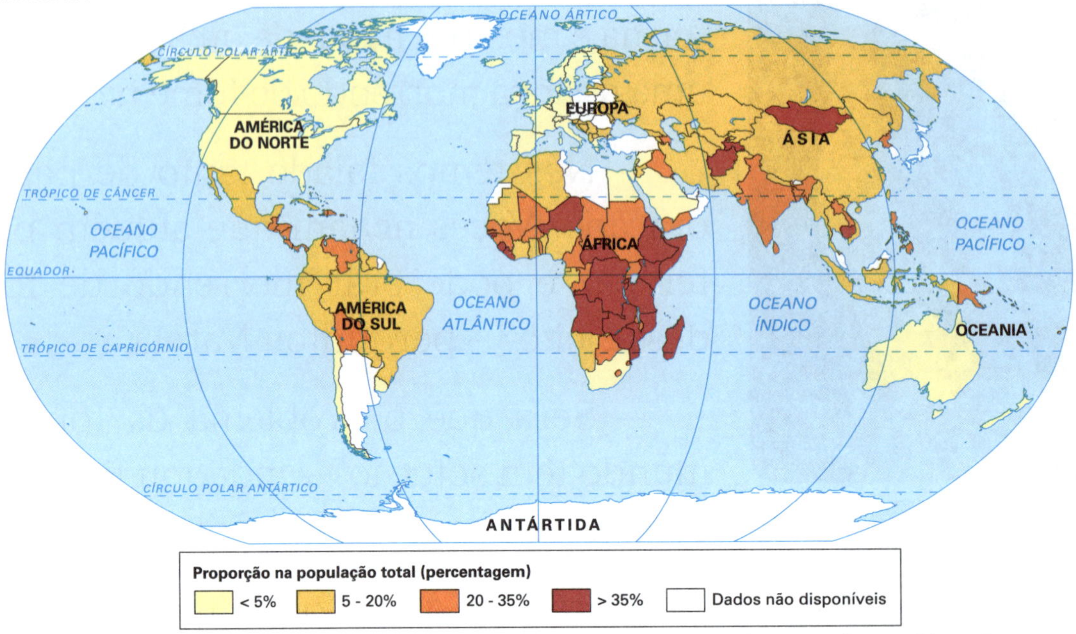

http://www.feedingminds.org/info/world_pt.htm

Ao ver o mapa, Bantinho ficou mais triste do que as outras crianças. É que ele se lembrou de que seus tataravós vieram da África, justamente o continente em que a fome se concentra.

Nesse momento entrou um africano na sala. Estava vestido com roupas coloridas e vistosas e falava português com um acento diferente, que lembrava um pouco o português de Portugal.

– Olá, meninos e meninas! Meu nome é Kauanda. Vocês estão falando sobre o meu continente, a mãe África. Muitos estudiosos dizem que a humanidade nasceu lá. Vocês sabiam que o representante da espécie de hominídeo mais antigo do mundo foi achado no Quênia? E ele tinha 5 milhões de anos! Vocês não querem me acompanhar? Vou levá-los a um passeio pelas terras africanas!

De repente, a turma da Escola da Tia Sofia se viu em meio a uma das viagens mais mágicas que já tinham feito. Parecia que estavam voando, tantas eram as paisagens que avistavam. Kauanda falava com amor e entusiasmo daquela terra de muitos povos.

– Vejam, que continente belíssimo! Das neves do monte Kilimanjaro ao maior deserto do mundo, o Saara. Das maravilhosas praias da Tunísia às pirâmides do Egito! Olhem as florestas e as savanas, onde pastam os elefantes... Olhem o céu africano, tão vasto como a terra...

A impressão que tinham era de que estavam no meio de um sonho e não havia nem mesmo tempo para falar porque logo o cenário mudava.

MLADEN ANTONOV/AFP

O monte Kilimanjaro, que significa "montanha branca", localiza-se no norte da Tanzânia, na fronteira com o Quênia.

ATLANTIDE PHOTOTRAVEL/ CORBIS/LATINSTOCK

O Saara, o maior deserto quente do mundo, ocupa porções de vários países da África: Marrocos, Argélia, Tunísia, Líbia, Sudão, Egito, entre outros.

BLAINE HARRINGTON III/CORBIS/LATINSTOCK

Ilha Djerba, na Tunísia.

JOHN LAWRENCE/PHOTOGRAPHER'S CHOICE/ GETTY IMAGES

As pirâmides de Gizé, no Egito, figuram entre as sete maravilhas do mundo antigo.

DARRELL GULIN/PHOTOGRAPHER'S CHOICE/GETTY IMAGES

Elefante africano com seu filhote sob um céu com arco-íris na Reserva Natural Masai Mara, no Quênia.

MICHAEL POLIZA/NATIONAL GEOGRAPHIC/ GETTY IMAGES

Dunas de areia vermelha e a planície do rio Tsauchab após a chuva em Sossusvlei, no deserto da Namíbia.

– São mais de oitocentos povos, mais de mil línguas, mais de cinquenta países...

Finalmente pararam. Estavam numa ilha, cercada pelo oceano Atlântico.

– Aqui é a minha terra – disse Kauanda. – Chama-se São Tomé e Príncipe. Como meu país foi colônia de Portugal, eu falo a língua de vocês!

Até então, enquanto mostrava as belezas da África, Kauanda estivera radiante. De repente, ficou muito triste e começou a falar:

– Essa maravilha de continente que vocês viram é uma terra maltratada, explorada, ferida pelos brancos... O continente foi retalhado, de acordo com os interesses dos europeus, que por séculos nos dominaram. Cada pedacinho da África pertencia a um país. Aqui tivemos franceses, ingleses, portugueses, belgas, italianos... Todos queriam lucrar com as nossas riquezas. Milhões de africanos foram escravizados e levados para as Américas e, depois que a escravidão acabou, foi a vez das nossas matérias-

FRANK NYAKAIRU / REUTERS / LATINSTOCK

Refugiados congoleses esperam por comida na fronteira com Uganda, em novembro de 2008.

-primas. Por fim, semearam as armas entre nós. A África ficou na miséria. Tivemos que lutar por nossa independência. Mas nossos povos continuam excluídos da riqueza do mundo. Doenças, miséria, fome e guerras estão por toda a parte.

Kauanda falava com tanto sentimento que algumas crianças da turma ficaram emocionadas. Por fim, Mirela perguntou:

– O que você acha que nós, brasileiros, podemos fazer?

– Vocês podem nos ajudar! Não façam nunca como outros povos, que vieram à África apenas para explorar. Venham para somar!

Bantinho, muito emocionado, abraçou Kauanda e disse:

– Estamos participando de um livro e, por meio dele, muitas crianças brasileiras vão ficar sabendo de tudo isso que você nos falou. E quem sabe, quando crescerem, algumas poderão participar de projetos de ajuda à África, principalmente as que, como eu, têm ancestrais que vieram desta terra!

Depois de abraçar Kauanda com afeto, a turma se viu de novo na sala de aula.

Apesar de terem vivido uma aventura e tanto, estavam todos tristes e quietos.

Foi Carol quem quebrou o silêncio:

– Gente, precisamos pensar no futuro com esperança, precisamos acreditar que o mundo vai conseguir acabar com tanto sofrimento! Eu me lembrei de um pedaço do Sermão da Montanha. Vou procurá-lo para ler para vocês.

Carol abriu primeiro o Evangelho de Lucas e depois o Evangelho de Mateus. Então começou a ler:

Bem-aventurados vós, os pobres, porque vosso é o Reino de Deus.

Bem-aventurados vós, que agora tendes fome, porque sereis saciados.

Bem-aventurados vós, que agora chorais, porque haveis de rir.

Bem-aventurados os mansos, porque herdarão a terra.

Bem-aventurados os aflitos, porque serão consolados.

Bem-aventurados os que promovem a paz, porque serão chamados filhos de Deus!

(*Bíblia de Jerusalém*. Lucas 6, 20-21, e Mateus, 5, 4-9.)

Para terminar, a turma de Mirela resolveu escrever um texto coletivo, para ser publicado no jornal da escola. Quem sabe ele poderia ser enviado para o jornal do bairro, depois para o jornal da cidade... Sentaram-se todos em roda e cada um falou o que pensava sobre a fome no mundo, sobre o que fazer para acabar com ela. Ao final,

Muhamed, com sua linda letra de poeta e futuro escritor, redigiu o texto criado em conjunto, que ficou assim:

A fome no mundo

Está escrito na Declaração Universal dos Direitos do Homem *que todos os seres humanos têm direito à alimentação. Mas acabar com a fome no planeta ainda é um desafio que a humanidade enfrenta. Milhões de pessoas morrem por falta de comida. As mortes causadas pela fome podem ser evitadas, porém infelizmente as decisões necessárias para erradicá-la não têm sido tomadas pelas nações e por seus governantes. As desigualdades econômicas, sociais e culturais são tão grandes no mundo que existem nações que não contam nem mesmo com o básico para alimentar sua população. A fome existe em todos os países, até nos mais ricos. E o pior: vergonhosamente, podemos dizer que continentes inteiros são excluídos social e economicamente. Na África, há países que vivem na completa miséria, sem ter o que dar de comer a suas crianças. Gastamos muito dinheiro com coisas inúteis, enquanto a milhares de pessoas espalhadas pelo mundo não são oferecidas as mais fundamentais condições de higiene e saúde. A riqueza está concentrada nas mãos de poucos. É preciso fazer muito mais para resolver o problema da fome do que se tem feito. Os países ricos, por exemplo, gastam mais com a guerra e com a tecnologia das armas do que com a tomada de ações para vencer a pobreza.*

O caminho para vencer a fome é difícil, pois passa pela transformação das estruturas econômicas e sociais da vida no planeta. É necessário que as mentalidades, as vontades e os corações se tornem verdadeiramente solidários e conscientes de que a nossa tarefa como seres humanos é a de criar um mundo de igualdade, justiça e fraternidade para todos, e não somente para poucos. Então, vai acontecer o que Jesus prometeu: os que têm fome não mais terão. Os que querem a paz encontrarão a paz!

Assinado:
Bantinho, Carol, Davi, Ladislau, Mirela, Muhamed, Susi, Uirá.

Belas vidas: Herbert de Souza, Betinho (1935-97)

Nascido em Minas Gerais, esse sociólogo brasileiro travou muitas lutas contra as injustiças sociais e econômicas. Mas com a ditadura militar, iniciada com o golpe de 1964, não havia mais liberdade de pensar e de agir politicamente, e Betinho teve de exilar-se, isto é, sair do Brasil. Os que não concordavam com os propósitos do governo militar eram obrigados a fugir, senão podiam ser torturados e mortos (como muitos foram). Na volta do exílio, Betinho passou a fazer diversas campanhas contra a fome e a favor de condições dignas de vida para todos. Ele considerava a pobreza um tipo de violência, por isso organizou ações populares, fez campanhas, desenvolveu projetos em favor da educação, da saúde, dos direitos humanos, do bem-estar do povo... Enfim, dedicou a sua vida para construir uma sociedade melhor.

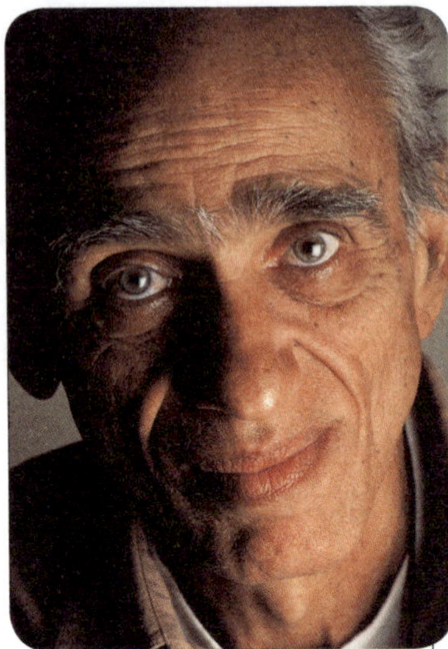

OSCAR CABRAL/EDITORA ABRIL

O sociólogo Herbert de Souza, o Betinho

Um fato triste, porém, se deu: ele e seus dois irmãos, o cartunista Henfil (1944-88) e o músico Chico Mário (1948-88), sofriam de hemofilia, um problema de nascença que exige que seu portador ocasionalmente faça transfusão de sangue. Como na época o controle do sangue utilizado nessas transfusões não era feito adequadamente, os três irmãos foram contaminados pelo vírus da aids e morreram em decorrência da síndrome.

Hoje, os tratamentos contra essa doença são mais eficientes e prolongam a vida daqueles que a contraíram. Apesar disso, a África é o continente onde há o maior número de casos sem tratamento. No Brasil, o governo fornece remédios e acompanhamento gratuito para qualquer pessoa contaminada. E um dos primeiros a lutar pelos direitos dos portadores do vírus da aids foi o próprio Betinho.

Impressionado com a visita que haviam feito à África e pensando em suas origens, Bantinho mostrou para os amigos um texto de uma escritora afro-brasileira, que fala um pouco a esse respeito. Vamos lê-lo junto com a turma?

COMPANHIA DAS LETRAS/ARQUIVO DA EDITORA

"Dizem que sou afro – etiqueta para todos ou tudo o que é parecido com algo ou alguém da África. Euro é a etiqueta para semelhanças europeias. E os outros continentes, que etiquetas recebem?

Afro tem em todos os países. Por exemplo, existem os afro-brasileiros, os afro--americanos, os afro-cubanos, os afro-franceses. Será que tem afro--sueco? Enfim, é o seguinte: afro vem de se ter uma origem africana.

Desde a época em que minhas pernas ficaram compridas e meu peito parecia um balão que se enchia, fui aprendendo que trago dentro de mim um pouco do que meus pais e avós e bisavós, trisavós, tataravós e... – depois eu não sei mais como chama – foram. É assim: para nascer é preciso duas origens, ou seja, o lado da mãe e o lado do pai. Cada um traz um monte de origens. O lado do pai traz as origens da parte de seu pai e as da parte de sua mãe. O lado da mãe, por sua vez, também carrega a parte de seu pai e a parte de sua mãe. Todo o mundo nasce carregado de origens.

E, se é assim, então quantas origens carrego dentro de mim? Quantas sementes?

Também tenho parentes alemães por parte da minha outra avó, clara, casada com meu avô negro índio, guarani de ascendên-

cia charrua. Que confusão! Outro dia eu conversei com um amigo loiro cuja mãe sempre conta que sua avó era negra. Nos entreolhamos sorrindo. Eu, negra descendente de alemães, e ele, loiro descendente de crioulos. Ninguém acredita!

Mas a origem africana está na cara. E também no coração. Ser africano é diferente de ser italiano ou francês. A África não é um país, mas um continente de muitos países, e cada qual com etnias diferentes. Então, em quantos lugares da África eu tenho origens?

E mais: se todo o mundo voltar no tempo e no espaço de sua história, vai descobrir que onde o bicho homem virou gente foi na África. Foi no continente africano que encontraram o fóssil humano considerado até agora o mais antigo do planeta, com mais de 40 mil anos de idade. É dessa gente antiga que todo o mundo descende.

Mas, ainda que todo o mundo seja africano na origem, nem todo mundo é visivelmente negro hoje em dia. É um quebra-cabeça, essa história. E, como não quero quebrar a minha, prefiro colar os pedaços que conheço."

(Heloisa Pires Lima. *Histórias da Preta*. São Paulo: Companhia das Letrinhas, 1998.)

Blá!! Blá!! Vamos conversar!

- E você, quantas origens carrega dentro de si? Converse com seus pais ou responsáveis e descubra de onde vieram seus antepassados.
- Reflita: o que podemos fazer, cada um de nós sozinho ou em grupo, para diminuir a fome no mundo?
- Além da fome, que outro problema de ordem mundial o/a deixa impressionado/a?

Resumo da conversa

- Escreva aqui suas conclusões.

Vamos brincar de...

- ... ser repórter? A turma da Mirela fez um texto para mandar para um jornal. Que tal também produzir um texto sobre algum dos temas deste capítulo?

• A fome no mundo. • O continente africano. • A vida de Betinho.

Depois de terminada sua reportagem, exponha-a em painéis na escola e em outros lugares da sua comunidade.

Leia um livro!

Herbert de Souza, o Betinho, escreveu livros para crianças, como estes aqui indicados, da editora Salamandra:

- *A centopeia que pensava.*
- *A centopeia que sonhava.*

A natureza pede socorro

7

A turma ainda estava com a cabeça na África. Nenhum deles conseguia se esquecer das paisagens fantásticas que tinham visto, dos animais selvagens, do vasto céu cobrindo as planícies, os mares e as montanhas... Estavam tão saudosos da natureza que resolveram conversar nos jardins da escola. Felizmente, a Escola da Tia Sofia proporcionava o cenário ideal para isso: tinha canteiros de flores bem cuidados, árvores, gramado, bancos de jardim, um pequeno lago com peixinhos... Não era como tantas outras escolas, feitas só de muros de concreto, sem nenhum verde por perto.

Muhamed foi quem começou o papo:

– Pessoal, eu recebi um *e-mail* dos autores, elogiando as minhas poesias. E eles mandaram junto um poema da Dora que fala sobre a natureza.

– Acho que esse é o melhor assunto para tratarmos agora, depois de termos visto as belezas que existem na África e a destruição que o homem está provocando – sugeriu Uirá.

– Espere aí, não comece ainda a ler. – Mirela pediu a Muhamed. – Nós podemos ler a poesia e conversar ouvindo uma música que combina com o assunto. Vou buscar o som.

Mirela logo voltou com o aparelho de som e colocou uma música maravilhosa. Era a Sexta Sinfonia de Beethoven, chamada de *A pastoral,* uma música que tem a natureza como inspiração.

Todos fecharam os olhos, deixando a música entrar pela alma. Muhamed então leu o poema devagar, sentindo o significado de cada palavra.

Pedindo socorro

Há um riacho de águas espumadas,
um verde sangrando na Terra.
Há florestas enfumaçadas,
um som de madeira e de serra.
Há mares de azul perdido,
melecados de petróleo, incendiados...
Há um elefante morto, outro ferido,
de marfins arrancados.
Há cidades horrorosas,
onde o cimento cobriu a cor das rosas...
Há uma saudade doída
de campos, flores, bezerros, trigo, vida...

Quem te salva, natureza?
Quem te arranca do céu
este véu
de fuligem tão preta?
Quem adora tua beleza?
Façam algo, depressa, por favor!
Homens, mulheres, crianças do planeta!
Quem se habilita a amar a natureza
e deixá-la verdejante em todo o esplendor?

(Dora Incontri.)

– Eu não entendo – disse Uirá, quebrando o silêncio e a concentração com que todos ouviam a música. – Como é que as pessoas conseguem viver sem ver o verde, sem sentir cheiro de flor, sem ouvir canto de passarinho, sem pisar na terra e sem enxergar as estrelas no céu?

– Ai! Não exagera, Uirá! – respondeu Davi, que gostava mesmo de cidade, de asfalto e de *shopping center*. Eu moro numa rua movimentada e, mesmo assim, escuto o canto dos passarinhos e vejo árvores em frente ao meu prédio.

Ladislau quis entrar na conversa e falou:

– Eu ouço muito mais coisas que vocês, porque quem não enxerga tem ouvidos melhores. E posso dizer o seguinte: na cidade, há sons da natureza, sim. Mas quando vamos para um bosque, para um lugar à beira de um riacho, há muito mais sons! Podemos ouvir o canto de espécies diferentes de pássaros, podemos ouvir as folhas balançando ao vento, as águas correndo, o zum-zum dos insetos...

– É verdade! Foi exatamente o que aconteceu em nossa viagem pela floresta Amazônica! Quantos sons diferentes! Uma verdadeira orquestra de pássaros!

– A conversa está boa – disse Mirela –, mas precisamos avançar nas pesquisas. Que tal cada um dar a sua ideia sobre o que fazer?

– Eu sugiro fazermos um levantamento dos principais problemas ecológicos que enfrentamos no mundo! – respondeu Bantinho. – Depois, discutimos as soluções.

– Boa! – disseram Carol e Susi.

Tão logo decidiram o que pesquisar, as crianças voltaram para a sala e foram direto para os livros e para a internet. Sempre procediam assim porque as informações dos livros são mais profundas e as informações da internet são mais rápidas. Acharam alguns dados importantes e montaram um jornal em sala de aula sobre o homem e a natureza. Depois que terminaram de montá-lo, Susi leu a primeira notícia.

HENRIQUE MANREZA/FOLHA IMAGEM

Foto tirada do Parque da Cantareira em julho de 2008 que mostra a cidade de São Paulo encoberta pela poluição.

O planeta está ficando mais quente!

A poluição do ar, com os gases lançados na atmosfera pelo homem, provoca o efeito estufa. É como se tivéssemos colocado uma capa de poluição em volta do planeta, em que o calor fica retido. O desmatamento das florestas diminui o oxigênio. Estamos fechando as janelas da Terra e ela está sufocada no meio dos gases venenosos que lançamos no ar o tempo todo. Os pulmões do planeta, que são as árvores, estão sendo arrancados. E, assim, a Terra azul está com dificuldade de respirar.

Em seguida foi a vez de Muhamed:

O desmatamento continua!

DIDA SAMPAIO/AE

Exploração ilegal e predatória da madeira na fazenda Citema, no município de Arame (MA), em fevereiro de 2007.

Quase um terço da vegetação do Brasil foi desmatada e isso se deu sobretudo nos últimos cinquenta anos. Desde a chegada dos europeus em nosso país, já foram devastados 2,5 milhões de vegetação nativa. Há quinhentos anos o homem lida com a natureza no Brasil do mesmo jeito: arrancando, desmatando e principalmente queimando... As queimadas ainda são praticadas em toda parte; elas destroem as árvores e ferem o solo.

Carol leu a sua parte, sobre o lixo gerado pelo homem:

Lixo que cobre o mundo!

Um dos maiores problemas que a humanidade enfrenta é o que fazer com o lixo gerado diariamente. Só a cidade de São Paulo, por exemplo, produz 12 mil toneladas por dia. Isso daria para encher, em uma semana, um estádio com capacidade para 80 mil pessoas. O pior é que alguns materiais que compõem esse lixo necessitam de séculos para se

CÉLIO MESSIAS/AE

Lixão da cidade de Ribeirão Preto, interditado pela Cetesb, obriga a prefeitura a exportar as 500 toneladas de lixo produzido por dia pela população, em agosto de 2008.

decompor. A solução seria reciclar, aproveitar o lixo para fazer outras coisas.

Tempo que cada material leva para se decompor:

– Ai! Dá uma tristeza ouvir tudo isso... – comentou Bantinho. – Será que a Terra tem jeito? Será que o homem vai cuidar melhor dela para continuarmos a viver aqui?

– Não adianta ficar se lamentando – respondeu Mirela, sempre muito prática. – Precisamos agir! Há pessoas e grupos que fazem a diferença, que trabalham para mudar esse cenário e transformar a Terra num lugar melhor para se viver. Se cada um fizer a sua parte, talvez esse problema tenha solução. Vocês já ouviram falar do Greenpeace? Esse grupo, cujo nome significa "paz verde", luta pela natureza. Escutem só o texto que está no *site* deles:

A paz é verde

BETTMANN/CORBIS/LATINSTOCK

O Greenpeace iniciou suas atividades em 1971 na luta contra a realização de testes nucleares pelos Estados Unidos.

"Um dia, a Terra vai adoecer. Os pássaros cairão do céu, os mares vão escurecer e os peixes aparecerão mortos na correnteza dos rios. Quando esse dia chegar, os índios perderão o seu espírito. Mas vão recuperá-lo para ensinar ao homem branco a reverência pela sagrada terra. Aí, então, todas as raças vão se unir sob o símbolo do arco-íris para terminar com a destruição. Será o tempo dos Guerreiros

do Arco-Íris." (Profecia feita há mais de 200 anos por "Olhos de Fogo", uma velha índia Cree.)

Essa profecia embalou as longas noites dos fundadores do Greenpeace que navegavam para as Ilhas Aleutas, no Alasca, em 1971, na tentativa de impedir um teste nuclear dos Estados Unidos. A ação estimulou um imenso debate e ganhou o apoio da opinião pública contra os testes nucleares, que foram suspensos no mesmo ano. Nascia, assim, o Greenpeace. E a profecia daria nome ao primeiro navio da organização, o Rainbow Warrior, e acabaria por batizar os ativistas do Greenpeace – conhecidos em todo o mundo como "Os Guerreiros do Arco-Íris". O Greenpeace é uma organização global e independente que atua para defender o meio ambiente e promover a paz, inspirando as pessoas a mudarem atitudes e comportamentos. Investigando, expondo e confrontando crimes ambientais, desafiamos os tomadores de decisão a rever suas posições e mudar seus conceitos. Também defendemos soluções economicamente viáveis e socialmente justas, que ofereçam esperança para esta e para as futuras gerações. Por não aceitar doações de governos, empresas ou partidos políticos, o Greenpeace existe graças à contribuição de milhões de colaboradores em todo o mundo, que garantem nossa independência e o nosso compromisso exclusivo com os indivíduos e com a sociedade civil. Hoje, o Greenpeace está presente em mais de 40 países e conta com a colaboração de aproximadamente 3 milhões de pessoas.

(www.greenpeace.org/brasil/)

A turma ficou um pouco mais aliviada, ao tomar conhecimento de que há pessoas se mexendo para proteger a natureza. Depois, resolveram fazer uma espécie de jogral poético, em que cada um falava um verso sobre questões da natureza. Ficou assim:

Vamos chorar pelas árvores derrubadas,
Mas vamos plantar outras em seu lugar!
Vamos chorar pelas enormes queimadas,
Mas vamos querer o fogo apagar!
Vamos sentir nojo do lixo fedorento,
Mas vamos já aprender a reciclar!
Vamos lamentar a quentura do vento,
Mas vamos a vida mais simples deixar!
Vamos chorar pela mãe natureza,
Mas vamos querer menos dinheiro!
Vamos respeitar a sua beleza
E parar de maltratar o planeta inteiro!

Pois por que se desmatam as matas?
(Coro responde) *Por dinheiro!*
Por que se fazem milhões de latas?
(Coro responde) *Por dinheiro!*
Por que se poluem os mares?
(Coro responde) *Por dinheiro!*
Por que se sujam os ares?
(Coro responde) *Por dinheiro!*
Por que se arrancam as peles dos animais?
(Coro responde) *Por dinheiro!*
Por que se caçam baleias colossais?
(Coro responde) *Por dinheiro!*

Ora! O dinheiro pode ser útil,
O dinheiro pode ser bom!
Mas se ele se torna mais importante que a vida,
Mais importante que o homem,
Mais importante que qualquer dom
De Deus, da pessoa e da natureza...
Aí ele provoca pobreza
Desrespeito e violência
E falta de consciência!

Belas vidas: Chico Mendes (1944-88)

PAULO JARES / EDITORA ABRIL

O seringueiro Chico Mendes.

Uma pessoa que lutou intensamente para proteger a natureza no Brasil foi Chico Mendes, nome com que ficou conhecido Francisco Alves Mendes Filho, nascido no Acre em 1944. Desde criança ele acompanhava seu pai no trabalho de seringueiro, dentro da floresta Amazônica. Chico só aprendeu a ler aos vinte anos de idade, pois nos seringais não havia escolas.

Desde jovem, ele participava dos "empates" – que era uma forma bonita de lutar pela preservação das florestas: para que as árvores não fossem cortadas, os seringueiros as defendiam com o próprio corpo.

Chico Mendes participou da criação do Partido dos Trabalhadores (PT) e criou a União dos Povos da Floresta para defender todos os que viviam na Amazônia – índios, seringueiros, castanheiros – e, acima de tudo, a própria floresta. Ele denunciou o desmatamento e suas reivindicações ecoaram pelo mundo. Tanto que vários projetos financiados por bancos internacionais foram suspensos depois que Chico Mendes mostrou que eram prejudiciais à mata. Em 1987, ele ganhou um prêmio da Organização das Nações Unidas, o Global 500, por sua defesa do meio ambiente.

DELFIM MARTINS/PULSAR IMAGENS

Seringais são aglomerados de seringueiras, árvores das quais se extrai o látex.

Seu trabalho teve início no tempo da ditadura militar, a mesma que mandou embora do país Betinho e tantos outros. Chico Mendes chegou a ser torturado em 1979 por sua luta política.

Porém seu discurso não agradava a todos: havia fazendeiros que, interessados em continuar a explorar a natureza, o ameaçavam de morte. Em 1988, aos 44 anos, Chico Mendes foi assassinado, na porta de sua casa, a mando de fazendeiros da região. Deixou dois filhos pequenos e uma herança de luta pela Amazônia, pela natureza, pelo Brasil.

Vamos conversar!

Pense e responda:

- O que cada um de nós pode fazer pela natureza?
- Quais hábitos você poderia mudar para fazer a sua parte pelo nosso planeta?
- O que você acha: a Terra tem jeito?

Resumo da conversa

- Escreva aqui as suas principais ideias.

Aumente o que você sabe!

- Procure na internet *sites* que tratem da reciclagem. Com o material encontrado, elabore com seus colegas um painel com várias propostas práticas aplicáveis ao dia a dia em casa e na escola.

Faça de conta...

- ... que você é um(a) ativista da natureza. Escolha um tema que você considera preocupante (falta de água, crescimento da população, fome, entre outros) e escreva um texto mostrando o que pode ser feito para que o homem viva melhor e o planeta também. Não se esqueça de dar um título para o seu texto.

Você pode...

- ...fazer um relaxamento com a Sexta Sinfonia de Beethoven, *A pastoral*.

Estes são os movimentos (partes) que compõem essa sinfonia. Feche os olhos e imagine cada um deles:

1. Despertar de sentimentos alegres diante da chegada ao campo.
2. Cena à beira de um regato.
3. Dança campestre.
4. A tempestade.
5. Hino de ação de graças dos pastores após a tempestade.

Assista a um filme!

- No filme *Fantasia* (1940), de Walt Disney, assista à cena em que é apresentada a Sexta Sinfonia e veja como Disney imaginou a música de Beethoven ambientada na Grécia antiga.

Quem pode fazer o quê?

8

No dia seguinte, quando os amigos chegaram na sala de aula, encontraram um *e-mail* da Dora e do Alessandro à espera deles:

Olá, queridos amigos!

Estamos falando em mudar o mundo. E vocês, crianças que são, têm uma existência inteira para se dedicar a um sonho, a um projeto de vida, por meio dos quais podem ajudar a promover grandes transformações! É importante ter sonhos, ideais! É bom planejar o futuro, é bom ter como objetivo fazer algo de significativo com a própria vida! Então, comecem desde já a imaginar o que querem fazer no futuro que os aguarda de braços abertos!

Muita gente projeta sonhos apenas materiais – ganhar muito dinheiro, ser famoso, fazer grandes viagens, ter uma mansão, um iate ou um carro importado. No entanto, isso tudo não preenche a alma de felicidade e paz; isso tudo se ganha como também se perde. Os sonhos precisam ser feitos de coisas mais bonitas e duradouras que bens materiais. Sonho de ser fraterno para ajudar o próximo, sonho de conhecer para ensinar, sonho de colocar a justiça e o bem acima do dinheiro e do egoísmo!

Pensem nisso! Sonhem desde já! Mas lembrem-se: sonhem com nobreza e ideal!

Um beijo em cada um,

Dora e Alessandro

As crianças adoraram o *e-mail* dos autores e resolveram pensar sobre o tema levantado por eles.

– Será que em todas as profissões é possível fazer algo para mudar o mundo? – perguntou Muhamed.

– Acho que sim! Desde que seja um trabalho honesto e que tenha alguma utilidade para a sociedade... – respondeu Carol.

– Acontece que, para ser honesto, às vezes é preciso ganhar menos dinheiro... – disse Bantinho.

– E não é só isso não, turma! – Mirela, ainda pensativa, falou de repente. – Pelo que nós vimos, quando a pessoa faz a diferença, quando luta com garra para mudar aquilo que acha errado, além da falta de dinheiro, tem que conviver com a perseguição; pode ser expulsa do lugar onde vive e até do país em que nasceu. Às vezes pode até ser morta!

– Uma pessoa que arrisca a própria vida para defender um ideal é mesmo alguém muito especial! – disse Uirá. – Eu admiro muito quem vive assim.

– Vamos fazer uma pesquisa sobre a vida de pessoas que tinham o desejo de mudar o mundo, pelo menos um pouquinho? – propôs Susi.

E logo passaram à ação. Dessa vez, terminada a procura nos livros e na internet, a turma redigiu um pequeno texto sobre a vida dessas pessoas. Depois, imprimiu a foto delas e pregou o resultado da pesquisa em painéis espalhados por várias partes da escola, para as outras crianças tomarem conhecimento desses seres humanos tão especiais.

Estas foram as descobertas que fizeram, de gente de profissões diferentes, países diferentes e histórias de vidas diferentes:

Belas vidas: O médico dos pobres

Adolfo Bezerra de Menezes (1831-1900) foi um médico espírita. Era considerado o médico dos pobres, pois atendia gratuitamente à população que não podia pagar por cuidados médicos. Dedicou toda a sua carreira a isso. Também trabalhou durante trinta anos como político na cidade do Rio de Janeiro, em projetos na área da educação, do meio ambiente e da saúde.

EDITORA ABRIL/ARQUIVO DA EDITORA

O médico e político Bezerra de Menezes.

Belas vidas: Um professor português no Brasil

O filósofo Agostinho Silva.

George Agostinho Baptista da Silva (1906-94) foi um filósofo, escritor e professor que nasceu em Portugal e viveu no Brasil por muito tempo. Ele acreditava que, para promover mudanças no mundo, o ser humano precisa ser preparado – e dedicou sua vida à educação. Durante os mais de vinte anos em que viveu em nosso país, deu aulas em diversas universidades e ainda ajudou a fundar a Universidade de Brasília, ao lado de outra grande figura, Darcy Ribeiro.

Agostinho Silva escreveu vários livros sobre liberdade e educação.

Belas vidas: Um padre católico que virou um bom político

Adolf Daens.

Adolf Daens (1839-1907) viveu na Bélgica no final do século XIX, em tempos de sofrimento e miséria intensos. Daens ficava indignado com as tristes condições de vida que as crianças e os operários enfrentavam e por isso ele trabalhava com o objetivo de melhorá-las. Fundou o Partido dos Trabalhadores Cristãos e foi eleito para o parlamento de seu país, a fim de lutar por aquilo em que acreditava. Por causa das posições que assumiu, chegou a ser expulso da Igreja católica.

Belas vidas: Um poeta de grandes ideais

MUSÉE VICTOR HUGO, PARIS. AKG-IMAGES/LATINSTOCK

O escritor Victor Hugo com seus netos.

Victor Hugo (1802-85), um dos maiores escritores e poetas de língua francesa, teve importante atuação na política do seu país. Durante o tempo em que Luís Napoleão se fez imperador na França, Victor Hugo ficou exilado, já que não concordava com a tirania que se instalara. Ele era a favor da democracia, o governo do povo, e não do governo de imperadores. Por isso, utilizou seus escritos para propor reformas sociais, criticar as desigualdades e a pobreza, opor-se à violência e à pena de morte e defender os direitos humanos. Uma de suas obras mais conhecidas é *Os miseráveis*, de 1862.

Belas vidas: Um ex-escravo que virou cientista

George Washington Carver (1865-1943) foi o primeiro afrodescendente a se tornar cientista na América. Ele estudou botânica na Universidade de Iowa e tornou-se conhecido pelo seu trabalho agrícola de recuperação de solos desgastados no sul dos Estados Unidos; também foi o descobridor de vários produtos derivados do amendoim e da batata-doce. Criou uma escola móvel, numa carroça em que podia viajar, para ensinar os ex-escravos a cultivar a terra – fonte de sustento – com avançadas técnicas agrícolas.

CORBIS/LATINSTOCK

O cientista George Washington Carver.

Carver devotou sua vida a ajudar seu povo, apesar de todo o sofrimento que teve de enfrentar.

Belas vidas: *Um homem que estuda Deus e ajuda os seres humanos*

JANDUARI SIMÕES/FOLHA IMAGEM

O teólogo Leonardo Boff.

Leonardo Boff é um dos principais teólogos e escritores brasileiros. Antes de se desligar da Igreja, foi membro da ordem franciscana. É o criador da ONG Centro de Defesa dos Direitos Humanos, situada na cidade de Petrópolis, Rio de Janeiro, que tem como objetivo promover o acesso de meninos e meninas de comunidades pobres à cultura e à educação. A ONG organiza cooperativas e construção de casas populares, além de colocar em funcionamento farmácias comunitárias de fitoterapia e de promover projetos ecológicos.

Palavras para aprender: cooperativas e fitoterapia

- Procure no dicionário o significado dessas palavras e escreva-o aqui.

Belas vidas: Uma cantora mais que cantora

JUAN CARLOS HIDALGO/EFE/CORBIS/LATINSTOCK

A soprano Barbara Hendricks.

Barbara Hendricks é uma cantora de ópera americana reconhecida por seu enorme talento. Além disso, há décadas ela se dedica a trabalhos voltados à divulgação de causas humanitárias. Ela realizou vários concertos em locais em que se desenrolavam confrontos armados, criou uma instituição que busca prevenir conflitos e estabelecer a paz entre os povos, além de ajudar a Organização das Nações Unidas (ONU) em seu trabalho de reconciliar nações ou povos em guerra.

Belas vidas: Um sambista na África

DIVULGAÇÃO/GUTO COSTA

O cantor e compositor Martinho da Vila.

Martinho da Vila é um sambista muito conhecido dentro do Brasil e também fora dele, mais especificamente em Angola, na África. O cantor tem grande carinho por esse país e se dedica a divulgar a música e a cultura brasileiras em Angola e a cultura angolana no Brasil.

Martinho da Vila realiza diversas atividades culturais na África, por meio das quais desenvolve o talento de jovens artistas naquele continente.

Belas vidas: Um professor diferente

JULIO VILELA/EDITORA ABRIL

O professor José Pacheco.

José Pacheco é um educador português que ficou conhecido mundialmente por promover uma grande revolução no jeito de ensinar. Durante trinta anos ele coordenou uma escola pública em Portugal, a Escola da Ponte, na qual as crianças escolhem não só os temas que querem estudar e debater, como também as brincadeiras e os jogos de que querem participar. E mais: conversam e decidem sobre assuntos relacionados à escola. Pacheco trata as crianças com respeito e afeto. Atualmente ele reside no Brasil e se dedica a projetos educacionais inovadores.

Entrevista de verdade

Mirela ficou alegríssima por ter conseguido fazer uma entrevista com o educador José Pacheco, que respondeu com muito carinho às perguntas das crianças da Escola da Tia Sofia:

Atividade escolar no pátio da Escola da Ponte, em Santo Tirso, na cidade do Porto, em Portugal.

Mirela: Professor José Pacheco, é verdade que, na Escola da Ponte, o aluno escolhe o que vai estudar?

Pacheco: É verdade que o aluno decide o que quer estudar. Mas os professores estão lá, atentos e amigos, para os ajudar nas escolhas. Tudo nasce do diálogo, de conversas entre pessoas que aprendem umas com as outras.

Cada ser humano é único e irrepetível. Por isso, não faz sentido impedir que cada ser escolha (responsavelmente!) o que quer aprender.

É errado imaginar que se deve escolher no lugar do outro. É impossível ensinar a todos como se fossem um só. Há séculos, um sábio de nome Comenius já refletia sobre isso.

Mirela: É verdade que os alunos decidem as regras? Como é isso?

Pacheco: Todos os anos, os alunos da Ponte aprovam uma lista de direitos e deveres. No exercício da liberdade aprendem a ser cidadãos responsáveis, sensíveis e fraternos.

Todos participam de um projeto de preparação para o exercício da cidadania. Foi por isso que se criou uma assembleia.

Na reunião semanal, os alunos erguem o braço quando pretendem falar para os outros. Sabem falar e ouvir, propor e respeitar decisões. São capazes de expor problemas, serenamente. E serenamente encontrar soluções.

Mirela: Dá para fazer pontes entre as escolas do Brasil e a Escola da Ponte?

Pacheco: Ainda há escolas que vivem amarradas a superstições. A Escola (com E maiúsculo) conta mais de duzentos anos, está velha e rabugenta. Mas há muitos professores que "trocam figurinhas" sobre descobertas que vão fazendo e sobre aquilo que são.

Assim como um abraço estreita a distância entre diferentes ritmos que nascem no lado esquerdo do peito, as pontes servem para unir margens e para ligar passado e futuro. E, como as crianças são o futuro, há muitos alunos de escolas brasileiras trocando cartas com amigos da sua idade, que estudam em outras margens, *contornando a imensa curva norte-sul...*

Mirela: O que você acha que é mais necessário mudar na educação?

Pacheco: Quase tudo. Sobretudo, que os professores se interroguem sobre o que fazem. E percebam se o que fazem é o melhor que podem fazer pelos seus alunos.

Na Grécia, há milhares de anos, havia quem acreditasse serem os seres humanos capazes de buscar, em si próprios e entre os outros seres, a perfeição possível. Mas, com a passagem do tempo, a Escola deixou de fazer sentido, porque deixou de se perguntar se faria sentido ficar parada, vendo passar o tempo.

Com pequenos mas valiosos gestos – como o do beija-flor de uma história que ouvi contar – o egoísmo dará lugar à solidariedade. Os professores solidários hão de ocupar o espaço dos professores solitários, numa escola que não se isole entre muros, mas que se transforme numa cidade educativa.

De uma Escola sem sentido passaremos a escolas com sentido. Os professores darão sentido às suas vidas dando sentido à vida das escolas, que hão de ser lugares de fazer dos alunos pessoas mais sábias e mais felizes.

Não sei como serão as escolas do futuro, mas sei que outros futuros são possíveis.

Cante com a gente!

Hino da Escola da Ponte

Estudar não é só ler nos livros que há nas escolas
É também aprender a ser livre e sem ideias tolas
Ler um livro é muito importante e às vezes urgente
Mas os livros não são o bastante pra gente ser gente

É preciso aprender a escrever
Mas também a crescer
Mas também a sonhar
É preciso aprender a viver
Aprender a estudar

Estar na Escola da Ponte é estudar
Estar contente consigo é estudar
Aprender com os outros
Aprender consigo e ter um amigo
Também é estudar

Estudar também é repartir
Também é saber dar
O que a gente souber dividir para multiplicar

Estudar é escrever um ditado
Sem ninguém nos ditar
E se um erro nos for apontado
É sabê-lo emendar

É preciso, em vez de um tinteiro,
Ter uma cabeça que saiba pensar
Pois na escola da vida
Primeiro está saber estudar

(De José Carlos Ary dos Santos e de uma música de Fernando Tordo. Alterado e adaptado pelos alunos da Escola da Ponte.)

Blá!! Blá!! Vamos conversar!

- O que você espera da sua escola? Que pontes ela pode oferecer para sua vida futura?
- O que você imagina fazer na vida? Quais são seus sonhos, seus projetos e seus ideais?
- Discuta com os colegas sobre o que vocês esperam do futuro e compartilhem projetos e ideias.

Resumo da conversa

- Escreva aqui as conclusões a que vocês chegaram.

Aumente o que você sabe!

- Você sabe o que é uma ONG? Procure informações e descubra mais sobre a atuação dessas organizações. Escolha um tema pelo qual você se interesse (defesa da natureza, trabalho com menores ou com moradores de rua, entre outros) e visite *sites* ligados ao assunto.

Quem aconselha o quê?

9

O fim do ano estava chegando, e os estudos e projetos em conjunto iam acabar. O clima era de despedida e saudade e planejava-se uma grande festa final.

Assim que entraram na sala, as crianças viram no computador um *e-mail* da Dora e do Alessandro, que Mirela leu em voz alta:

Queridos amigos,

Estamos chegando ao final da nossa jornada... Uma caminhada que fizemos juntos, à procura de respostas, ideias, sentimentos e fé! Encontramos muita coisa bonita, muitas propostas de vida importantes.

Achamos que, para terminar nosso estudo sobre as religiões, poderíamos nos lembrar de alguns dos maiores mestres da humanidade e guardarmos conosco algo valioso que eles disseram.

Depois disso, amanhã, estaremos aí, para comemorarmos o final deste trabalho e nos abraçarmos com muito carinho!

Beijos,

Dora e Alessandro

Mirela, Bantinho, Ladislau, Carol, Uirá, Davi, Susi e Muhamed estavam com cara de tristeza. Estavam terminando o ensino básico e iriam para outras escolas. Mas resolveram sacudir a nuvenzinha que se formara no ambiente:

– Amigos, não vamos desanimar! – disse Ladislau. – Vamos fazer o que os autores pediram, acho que vai ser legal.

As crianças se lançaram ao trabalho. Cada uma delas fez um resumo da vida de alguns dos grandes mestres estudados e escolheu um ensinamento que considerou valioso para que toda a turma levasse vida afora. E foi Mirela, que anos atrás tinha dado a primeira sugestão dessa pesquisa, quem juntou tudo num só roteiro.

Vejam como ficou o trabalho das crianças, que resultou num livrinho muito benfeito:

PEQUENO PASSEIO PELAS RELIGIÕES

Autores: Bantinho, Carol, Davi, Ladislau, Mirela, Muhamed, Susi e Uirá.

A tradição religiosa ocidental vem do tronco judaico-cristão, que começa com a revelação de um Deus único, criador de todas as coisas. Nessa tradição, busca-se um mundo de justiça na terra e também depois da morte. Para se chegar a essa realização, é preciso se aproximar de Deus. **Moisés** foi um de seus grandes profetas.

Moisés

Moisés, apesar de ser filho de hebreus, foi criado pela família do faraó do Egito. Quando cresceu, ficou indignado ao se dar conta do sofrimento de seu povo, que vivia escravizado naquelas terras. A missão de Moisés foi ajudar o seu povo a se libertar dos egípcios e conduzi-lo à terra prometida por Deus, para que eles a habitassem.

Durante essa jornada, ele recebeu os Dez Mandamentos, revelados pelo Deus de Israel, que indicam princípios de ação para os seres humanos.

"Escuta, ó Israel! O Senhor, nosso Deus, é o Senhor que é Um. Amarás o Senhor, teu Deus, com todo o teu coração, com todo o teu ser, com todas as tuas forças."

(Deuteronômio, 6, 4-5. *Tradução ecumênica da Bíblia*. São Paulo: Paulinas/Loyola, 1996.)

Foi entre o povo judeu que nasceu **Jesus**, que daria início a uma das mais fortes tradições do mundo, o cristianismo. Profeta judeu, Jesus confirmou os ensinamentos de Moisés, além de dar muita importância ao amor universal entre os seres humanos. É por meio desse amor que se pode alcançar a paz e a felicidade, aqui na terra e depois da morte.

Jesus

A vida de Jesus é muito bonita e cheia de histórias fascinantes. Carpinteiro pobre, sem poderes políticos e religiosos, tornou-se conhecido e amado por muitos povos por ensinar os seres humanos a se amarem como irmãos. Ele mostrou que o bem deve ser praticado com o coração; apenas fazendo o bem é que seremos felizes. Jesus curava cegos, paralíticos e leprosos; acolhia as crianças, homens e mulheres, ricos e pobres, jovens e velhos; contava histórias ao povo e ensinava de um jeito tão bonito que não havia quem não ficasse admirado. Foi perseguido, preso, crucificado e morto por inimigos políticos, judeus e romanos, que não aceitaram suas ideias de fraternidade universal. Para os cristãos, ele é Deus que se encarnou no mundo, e para muitos, cristãos ou não, o modelo de ser humano perfeito, que nos inspira a ser melhores.

"Amarás o Senhor teu Deus de todo o teu coração, com toda a tua alma e com todo o teu pensamento. Eis o grande, o primeiro mandamento. Um segundo é igualmente importante: Amarás o teu próximo como a ti mesmo."

(Mateus, 22, 37-39. *Tradução ecumênica da Bíblia*. São Paulo: Paulinas/Loyola, 1996.)

Na mesma tradição dos judeus e dos cristãos, há o profeta **Maomé**, que aceitava o Deus de Israel e considerava Moisés e Jesus grandes profetas. Maomé também exaltava as virtudes daqueles que amam a Deus e fazem o bem a seus semelhantes.

Maomé

Maomé viveu seiscentos anos depois de Jesus e, segundo os muçulmanos, é o último dos profetas. Depois de receber a revelação e os ensinamentos do anjo Gabriel, fundou o islamismo, hoje a segunda maior religião do mundo. Maomé viveu uma vida de submissão à vontade de Deus, de misericórdia e de bondade com os sofredores e os órfãos.

PAUL HARRIS/STONE/GETTY IMAGES

"Ó vós homens, servi vosso Senhor, que vos criou! Aquele que se submete a Deus e faz o bem terá sua recompensa junto ao Senhor."

(Surata 2, 21 e 112. *Alcorão – Le Coran*. Paris: Gallimard, 1967. Traduzido para fins didáticos.)

A ideia de amor ao próximo também foi pregada no Extremo Oriente por outros mestres, com outras palavras, em outras tradições. Séculos antes de Jesus, viveu na China um grande sábio – **Confúcio** – que ensinou ideias importantes para toda a humanidade.

Confúcio

Confúcio viveu na China seis séculos antes do nascimento de Cristo. Era um homem letrado, professor honrado que viajava por seu país falando da necessidade de homens e mulheres serem virtuosos e bons, para que a sociedade pudesse ser organizada com justiça, sem sofrimento para ninguém. Confúcio teve inúmeros discípulos e seus ensinamentos são venerados até hoje na tradição confucionista.

"Aquilo que não desejas para ti mesmo não imponhas aos outros."

(Analectos 12.2. *Analectos*. São Paulo: Martins Fontes, 2000.)

Num outro canto do Oriente, na Índia, país cuja tradição religiosa tem mais de 5 mil anos, entre muitos e muitos mestres surgiu um de grande sabedoria: Sidarta (ou Siddharta) Gautama, chamado o **Buda**. Como Cristo, ele também ensinava a compaixão por todas as criaturas, procurando fazer com que as pessoas se iluminassem, libertando-se do sofrimento.

Buda

Buda é o nome do príncipe Sidarta Gautama, que, como mendigo, percorreu as estradas da Índia ensinando a compaixão. Sidarta deixou a riqueza da casa de seu pai e foi viver uma vida simples, ensinando a renúncia às paixões, a uma vida de prazeres e aos desejos mundanos. Por meio de uma vida de virtudes espirituais, Buda alcançou a felicidade. Seus ensinamentos compõem o budismo, uma das maiores religiões do mundo.

"Fazei de vós mesmos uma luz. Confiai em vós mesmos."

(*A doutrina de Buda, Siddharta Gautama*. São Paulo: Martin Claret, 2006.)

A terceira religião mais professada no Brasil – o espiritismo – se insere na tradição judaico-cristã, mas aceita algumas ideias de religiões orientais, como a reencarnação – o princípio de que um espírito retorna muitas vezes à vida para, assim, ter mais oportunidades para construir um mundo melhor. O mestre dessa tradição é o francês **Allan Kardec**.

Allan Kardec

Allan Kardec, que viveu na França do século XIX, não é considerado pelos espíritas um homem santo ou um profeta, e sim um grande filósofo, educador e pesquisador. Seu principal estudo diz respeito à existência dos espíritos – sua origem, seu destino e suas relações com as pessoas vivas. Para ele, vivemos para sempre e há uma lei divina que rege todas as coisas. Dentro dessa lei, está o princípio de fazer o bem e de nos tornarmos perfeitos um dia, melhorando também o mundo à nossa volta.

"Amai-vos, eis o primeiro ensinamento. Instruí-vos, eis o segundo."

(O espírito da verdade. Allan Kardec. *O Evangelho segundo o espiritismo*, cap. 6, item 5. São Paulo: Lake.)

Assim, vemos que em toda parte, no Oriente e no Ocidente, houve mestres que ensinaram o bem e a verdade e mostraram que nós podemos mudar e mudar o mundo pelo caminho do amor.

Você pode...

- ... fazer, em grupo, um pequeno livro, inspirado neste volume, organizado em dez capítulos que estão relacionados a seguir. Cada capítulo pode ser escrito por uma ou duas pessoas do grupo e pode conter um texto, um poema, uma foto, uma ilustração, uma colagem... o que você quiser:

1. Conviver com as diferenças
2. Construir a paz
3. Unir pessoas e povos
4. Educar todas as pessoas
5. Orar em conjunto
6. Acabar com a fome
7. Socorrer a natureza
8. Fazer o que se pode
9. Ouvir os grandes mestres
10. Enfim, mudar o mundo

Faça de conta...

- ... que você é um(a) escritor(a). Escolha uma das frases que apresentamos acima para ser o lema da sua vida, aquela que orientará suas ações e seus pensamentos. Em seguida, escreva um texto explicando por que essa frase tocou seu coração.

Adeus não é para sempre

10

No dia seguinte, quando a turma de Mirela chegou à escola, encontrou uma grande surpresa: a sala estava toda florida e uma mesa bonita e arrumada com frutas, doces, sucos e sanduíches os esperava.

Havia cartazes afixados nas paredes, como estes:

Logo entraram Dora, Alessandro e a Tia Sofia na sala. Todos se abraçaram com carinho.

Sentaram-se todos em roda e começaram a conversar.

– Vou sentir falta das nossas pesquisas – disse Mirela, com voz de choro.

– Eu também! Eu também! – ouviram-se várias vozes.

– E eu vou sentir falta de escrever este livro – disse Dora, sorrindo.

– Eu também! – completou Alessandro, imitando as crianças.

– Nós poderíamos falar aqui do que cada um vai levar de todos esses anos que passamos juntos – sugeriu Tia Sofia, querendo acabar com o clima de tristeza. – Vamos inventar imagens para explicar essa descoberta?

– Eu começo – exclamou Carolzinha. – Eu estou levando um tesouro. O tesouro da amizade de todos vocês!

– Eu estou levando um mapa – continuou Davi. – Um mapa de estradas possíveis, para eu seguir na vida. Estradas do coração, estradas do conhecimento...

– Eu estou levando um caderno de ideias – disse Susi. – São ideias para todas as horas, para todos os problemas, para todas as surpresas.

– Eu estou levando muitos companheiros – falou Ladislau. – Todos os grandes mestres que estudamos sempre me farão companhia. Quero ouvir o que eles dizem, quando eu tiver de escolher por onde seguir.

– E eu estou levando uma maleta de presentes para dar às pessoas que encontrar no meu caminho – disse Bantinho. – Presentes de canções, de bondade, de ideias para mudar o mundo, de coisas bonitas e sinceras.

– Eu estou levando um ramo de flores. Cada flor é um dia que passamos juntos, cada pétala é uma ideia que estudamos e discutimos reunidos – completou Uirá.

– E eu, o que estou levando – contou Muhamed – não é uma imagem. É um livro de verdade com todos os poemas que fiz!

Todas as crianças já tinham dito alguma coisa, menos Mirela, que estava muito emocionada, com lágrimas nos olhos. Por fim, ela falou:

– Estou levando sementes. Não sei como, onde e quando vão brotar. Mas espero encontrar terra fértil para semear boas ideias, bons sentimentos e boas ações.

– Muito bonito tudo o que vocês disseram – elogiou Alessandro. – Nós, a Dora e eu, estamos levando os livros que escrevemos com a participação de todos.

– Esses livros vão cobrir o Brasil – continuou Dora – com tesouros, mapas, ideias, presentes, flores, sementes, poemas, imagens, inspirados pelas palavras dos grandes mestres! Nós esperamos que muitas crianças os leiam, que se inspirem e queiram ser pessoas melhores!

O clima afinal havia mudado: agora estavam todos com cara de felicidade. Festejaram aquele momento e, depois de muitos beijos e abraços, deixaram a Escola da Tia Sofia.

O poeta fala

Muhamed não podia deixar de fazer o seu último poema, que leu em voz alta:

Dessa escola diferente
Onde há sabedoria,
Vamos levar a semente
De toda a nossa alegria!

Colhemos aqui as flores
Das ideias do futuro
E já temos nosso mapa
Para um caminho seguro.

Os amigos para sempre
Levamos no coração!
Deus também siga conosco,
Pedimos em oração!

Cante com a gente!

É tempo!

Plantar uma semente,
Semente que se sente,
Crianças florescendo
Na escola do presente.

Desabrochar nas almas
A flor da divindade,
O fruto da bondade
De amor e liberdade!

Plantar uma semente, é tempo!
Fazer o presente, é tempo!
Ganhar o futuro, é tempo!
Com força e busca, é tempo!

Viver o saber, é tempo!
Libertar o ser, é tempo!
Liberte a criança, é tempo!
Se é tempo de luz, se o saber é luz,
Brilhe, pra quem em ti chegar!

(Música e letra: Dora Incontri e Moacir Camargo.)

Faça você...

- Muhamed fez um poema com algumas das palavras usadas pelos colegas. Faça também um poema usando pelo menos quatro das seguintes palavras:

tesouro – mapa – ramo de flores – sementes

caderno – maleta – companheiros – livro

- Escreva o seu poema aqui.

Você pode...

- ... fazer uma festa de despedida bem saudável! Combine com sua turma e levem, para o grande dia, sucos, frutas e sanduíches benfeitinhos. Decorem a sala de aula com flores e cartazes registrando o pensamento de vocês sobre o tempo que passaram juntos.

Nossa mensagem final

Nós, os autores, Dora e Alessandro, gostamos muito de escrever este livro para vocês! Esperamos que tenham gostado! Se quiserem dar alguma ideia ou sugestão, fazer algum comentário, ou simplesmente mandar um beijo, podem nos enviar um *e-mail* para autoresjeitosdecrer@gmail.com.

Um beijo carinhoso e sejam muito felizes!

Dora e Alessandro

Sua mensagem final

- Escreva aqui uma mensagem para expressar o que este livro significou para você!